ULTIMATNA MEDENA KUHARICA

SLADKI IN SLANI RECEPTI ZA NARAVNE UŽITAJE. Odkrijte zlato sladkobo medu – od zajtrka do sladice, sprostite moč naravnega sladila

Petra Koren

KAZALO

UVOD

Dobrodošli v svetu medu! V tej kuharski knjigi vas vabimo, da se prepustite zlati sladkosti izjemnega daru narave. Med že stoletja cenijo kot naravno sladilo in vir neverjetnih okusov ter koristi za zdravje. Ta kuharska knjiga je vaš najboljši vodnik za sprostitev celotnega potenciala medu v različnih okusnih receptih, tako sladkih kot slanih.

Med ni le nadomestek za sladkor; je kulinarični zaklad, ki vašim jedem doda globino, kompleksnost in pridih naravne sladkosti. Od priljubljenih zajtrkov in mamljivih predjedi do zadovoljivih glavnih jedi in neustavljivih sladic, ta kuharska knjiga slavi vsestranskost in bogastvo kreacij, prepojenih z medom.

Na teh straneh boste odkrili zakladnico receptov, ki prikazujejo neverjetno paleto okusov in tekstur, ki jih med lahko prinese na vašo mizo. Od mesa z medeno glazuro in pečene zelenjave do peciva z medom in dekadentnih sladkarij smo pripravili zbirko, ki poudarja raznolike uporabe te izjemne sestavine. Vsak recept je premišljeno oblikovan tako, da poudari najboljšo naravno sladkobo medu, hkrati pa dopolnjuje druge okuse.

Toda ta kuharska knjiga je več kot le zbirka receptov z medom. Vodili vas bomo skozi različne vrste in sorte medu, delili vpoglede v njegove zdravstvene koristi in podali nasvete o izbiri najkakovostnejšega medu za vaše jedi. Ne glede na to, ali ste navdušenec nad medom ali ga šele prvič vključite v svojo kuhinjo, smo tu, da vam pomagamo sprejeti bogastvo in vsestranskost tega zlatega eliksirja.

Torej, ne glede na to, ali iščete bolj zdravo alternativo rafiniranemu sladkorju, raziskujete nove kombinacije okusov ali preprosto uživate v naravni sladkosti medu, naj bo vaš vodnik »ULTIMATNA MEDENA KUHARICA«. Pripravite se na potovanje, ki bo spremenilo vaše kulinarične stvaritve in v vašo kuhinjo prineslo esenco naravnega sladila.

ZAJTRK

1.Honeycomb Toffee kruh

SESTAVINE:
- 3 skodelice večnamenske moke
- 2 žlički aktivnega suhega kvasa
- 1 čajna žlička soli
- 2 žlici medu
- 1 skodelica tople vode
- ¼ skodelice stopljenega masla
- ½ skodelice zdrobljene karamele iz satja (neobvezno)

NAVODILA:

a) V veliki skledi za mešanje zmešajte moko, kvas in sol.

b) V ločeni skledi mešajte med in toplo vodo, dokler se med ne raztopi.

c) Mešanico medu in vode vlijemo v mešanico moke in dobro premešamo, da nastane testo.

d) Testo gnetemo na rahlo pomokani površini približno 5-7 minut, dokler ni gladko in elastično.

e) Testo damo v pomaščeno skledo, pokrijemo s čisto kuhinjsko krpo in pustimo vzhajati na toplem približno 1 uro oziroma dokler se obseg ne podvoji.

f) Pečico segrejte na 375 °F (190 °C).

g) Vzhajano testo preluknjamo in oblikujemo v hlebček.

h) Hlebček položimo v pomaščen pekač in ga po vrhu namažemo s stopljenim maslom.

i) Po vrhu štruce potresemo zdrobljeno karamelo iz satja in jo narahlo vtisnemo v testo.

j) Kruh pečemo v ogreti pečici 25-30 minut oziroma do zlato rjave barve.

k) Odstranite kruh iz pečice in pustite, da se ohladi na rešetki, preden ga narežete in postrežete.

2.Honeycomb Candy Milkshake

SESTAVINE:
- 2 skodelici vanilijevega sladoleda
- 1 skodelica mleka
- ½ skodelice satja, zdrobljenega
- Stepena smetana za preliv

NAVODILA:
a) V mešalniku zmešajte vaniljev sladoled, mleko in zdrobljene bombone iz satja.
b) Mešajte, dokler ni gladka in kremasta.
c) Milkšejk nalijte v kozarec.
d) Povrhu s stepeno smetano in dodatnim zdrobljenim satjem.
e) Za zajtrk uživajte v tem razkošnem mlečnem napitku iz satja.

3.Parfe iz satja iz žit

SESTAVINE:
- 1 skodelica kosmičev iz satja
- 1 skodelica grškega jogurta
- 1 skodelica mešanih svežih jagod
- Med za prelivanje

NAVODILA:

a) V kozarec ali kozarec položite kosmiče iz satja, grški jogurt in mešano sveže jagodičevje.

b) Vsako plast pokapljajte z medom.

c) Plasti ponavljamo, dokler ne porabimo sestavin.

d) Prelijte z dodatkom medu in nekaj koščkov satja.

e) Postrezite in uživajte v tem hrustljavem in sladkem parfeju iz satjastih kosmičev.

4.Honeycomb Candy palačinke

SESTAVINE:
- 1 ½ skodelice večnamenske moke
- 2 žlici sladkorja
- 1 žlica pecilnega praška
- ½ čajne žličke soli
- 1 skodelica mleka
- 1 jajce
- 2 žlici stopljenega masla
- ½ skodelice satja, zdrobljenega
- Maslo ali olje za cvrtje

NAVODILA:
a) V skledi za mešanje zmešajte moko, sladkor, pecilni prašek in sol.

b) V drugi skledi zmešajte mleko, jajce, stopljeno maslo in zdrobljene satjaste bombone.

c) Mokre sestavine vlijemo v suhe sestavine in mešamo, dokler se le ne združijo.

d) Na zmernem ognju segrejemo rešetko ali ponev in jo namažemo z maslom ali oljem.

e) Za vsako palačinko na rešetko vlijemo ¼ skodelice mase.

f) Kuhajte, dokler se na površini ne naredijo mehurčki, nato obrnite in pecite do zlato rjave barve.

g) Satove palačinke postrezite z dodatnimi zdrobljenimi satovimi bonboni in prelivi po vaši izbiri.

5.Honeycomb Candy Overnight Oats

SESTAVINE:
- ½ skodelice ovsenih kosmičev
- ½ skodelice mleka (mlečnega ali rastlinskega)
- ½ skodelice grškega jogurta
- 1 žlica medu
- ¼ skodelice satja, zdrobljenega
- Sveže sadje za preliv

NAVODILA:
a) V kozarcu ali posodi zmešajte ovsene kosmiče, mleko, grški jogurt in med.
b) Dobro premešajte, da se poveže.
c) Po zmesi potresemo zdrobljene bombone iz satja.
d) Kozarec ali posodo pokrijte in čez noč postavite v hladilnik.
e) Zjutraj oves dobro premešajte.
f) Po vrhu posujte s svežim sadjem in dodatnimi zdrobljenimi bonboni iz satja.
g) Uživajte v tem preprostem in okusnem ovsenem bonbonu iz satja.

6.Honeycomb Candy francoski toast

SESTAVINE:
- 4 rezine kruha
- 2 jajci
- ¼ skodelice mleka
- ½ čajne žličke vanilijevega ekstrakta
- Maslo za cvrtje
- Med za prelivanje
- Satovje, zdrobljeno

NAVODILA:
a) V plitvi skledi zmešajte jajca, mleko in vanilijev ekstrakt.

b) Vsako rezino kruha pomočite v jajčno zmes in premažite obe strani.

c) Na srednjem ognju segrejte ponev in stopite nekaj masla.

d) Pomočene rezine kruha položite v ponev in jih pecite do zlato rjave barve na vsaki strani.

e) Postrezite francoski toast s pokapo medu, potresen z zdrobljenimi bonboni iz satja.

f) Uživajte v tem sladkem in hrustljavem francoskem toastu iz satja.

7.Honeycomb Candy Jogurt Bowl

SESTAVINE:
- 1 skodelica grškega jogurta
- 2 žlici medu
- ¼ skodelice satja, zdrobljenega
- Sveže sadje za preliv

NAVODILA:
a) V skledi zmešamo grški jogurt in med.
b) Po jogurtu potresemo zdrobljene bombone iz satja.
c) Po vrhu posujte s svežim sadjem.
d) Dobro premešajte in uživajte v tej čudoviti jogurtovi skledi z medom.

8.Smoothie iz satja iz žit

SESTAVINE:

- 1 zrela banana
- 1 skodelica zamrznjenih mešanih jagod
- ½ skodelice kosmičev iz satja
- 1 skodelica mleka (mlečnega ali rastlinskega)
- 1 žlica medu

NAVODILA:

a) V mešalniku zmešajte zrelo banano, mešano zamrznjeno jagodičevje, kosmiče iz satja, mleko in med.

b) Mešajte, dokler ni gladka in kremasta.

c) Smoothie nalijte v kozarec.

d) Po vrhu okrasite s posipom iz satja.

e) Uživajte v tem smutiju iz kosmičev iz satja za hiter in energičen zajtrk.

9.Vaflji v obliki satja

SESTAVINE:
- 1 ½ skodelice večnamenske moke
- 2 žlici sladkorja
- 1 žlica pecilnega praška
- ½ čajne žličke soli
- 1 skodelica mleka
- ¼ skodelice rastlinskega olja
- 2 jajci
- ½ čajne žličke vanilijevega ekstrakta
- ½ skodelice satja, zdrobljenega

NAVODILA:

a) Predgrejte pekač za vaflje v skladu z navodili proizvajalca.

b) V skledi za mešanje zmešajte moko, sladkor, pecilni prašek in sol.

c) V drugi skledi zmešajte mleko, rastlinsko olje, jajca in vanilijev ekstrakt.

d) Mokre sestavine vlijemo v suhe sestavine in mešamo, dokler se le ne združijo.

e) Vmešamo še zdrobljene bonbone iz satja.

f) Testo zajemajte na predhodno ogret pekač za vaflje in pecite, dokler ni zlato rjavo in hrustljavo.

g) Vaflje iz satjastih bonbonov postrezite s pokapljanjem medu in dodatno zdrobljenimi bonboni iz satja.

10.Bananin smoothie iz satja

SESTAVINE:

- 1 zamrznjena banana
- 1 skodelica mandljevega mleka (ali mleka po vašem okusu)
- ¼ skodelice kosmičev iz satja
- 1 žlica medu
- Ledene kocke (neobvezno)

NAVODILA:

a) V mešalniku zmešajte zamrznjeno banano, mandljevo mleko, kosmiče iz satja in med.

b) Mešajte, dokler ni gladka in kremasta.

c) Po želji dodajte ledene kocke in ponovno premešajte.

d) Smoothie nalijte v kozarec.

e) Po vrhu okrasite s posipom iz satja.

f) Uživajte v tem smutiju iz kosmičev iz satja kot okusnem in nasitnem napitku.

11. Honeycomb Candy Frappuccino

SESTAVINE:
- 1 skodelica močno kuhane kave, ohlajene
- ½ skodelice mleka (mlečnega ali rastlinskega)
- ¼ skodelice satja, zdrobljenega
- 2 žlici sladkorja
- Ledene kocke
- Stepena smetana (neobvezno)

NAVODILA:
a) V mešalniku zmešajte ohlajeno kavo, mleko, zdrobljene bombone iz satja, sladkor in pest ledenih kock.
b) Mešajte, dokler ni dobro premešano in penasto.
c) Frappuccino nalijemo v kozarec.
d) Po vrhu prelijemo s stepeno smetano in po želji dodatno zdrobljene bombone iz satja.
e) Uživajte v tem bonbonu iz satja Frappuccino kot prijetni in energični pijači.

12.Ledeni čaj Honeycomb Candy

SESTAVINE:

- 2 skodelici kuhanega čaja (črnega ali zeliščnega), ohlajenega
- ¼ skodelice medu
- ¼ skodelice satja, zdrobljenega
- Rezine limone (neobvezno)

NAVODILA:

a) V vrču zmešajte ohlajen kuhan čaj, med in zdrobljene bonbone iz satja.

b) Mešajte, dokler se bonboni iz satja ne raztopijo.

c) Po želji dodajte rezine limone za dodaten okus.

d) Napolnite kozarce z ledenimi kockami in prelijte ledeni čaj iz satjastih sladkarij.

e) Postrezite in uživajte v tem osvežilnem ledenem čaju iz satja v vročem dnevu.

13.Honeycomb Candy Latte

SESTAVINE:
- 1 skodelica espressa (ali močno kuhane kave)
- 1 skodelica mleka (mlečnega ali rastlinskega)
- 2 žlici medu
- ¼ skodelice satja, zdrobljenega
- Kakav v prahu ali cimet za posip (neobvezno)

NAVODILA:
a) V ponvi na zmernem ognju segrejte mleko in med, dokler ne segrejeta, vendar ne zavreta.
b) Mleko spenite s penilnikom ali metlico, dokler ne postane kremasto.
c) Nalijte espresso ali kavo v skodelico.
d) Dodajte mešanico vročega mleka v skodelico in nežno premešajte.
e) Po vrhu potresemo zdrobljene bonbone iz satja.
f) Po želji potresemo s kakavom v prahu ali cimetom.
g) Uživajte v tej latte iz satja kot tolažilni in aromatični pijači.

14.Čaj iz satja Candy Milk Tea

SESTAVINE:
- ½ skodelice tapiokinih biserov (boba)
- 2 skodelici vode
- ¼ skodelice satja, zdrobljenega na majhne koščke
- Čaj po vaši izbiri (črni čaj, zeleni čaj ali kateri koli drug okus)
- Mlečna ali nemlečna alternativa
- Sladilo (neobvezno)
- Ledene kocke

NAVODILA:
a) Skuhajte tapiokine bisere (boba) po navodilih na embalaži. Običajno morate zavreti lonec vode, dodati bisere bobe in kuhati, dokler niso mehki in prijetni. Kuhane perle odcedimo in splaknemo s hladno vodo.

b) V kozarec damo na dno zdrobljene bonbone iz satja.

c) Pripravite svoj izbrani čaj tako, da ga skuhate po navodilih na embalaži. Lahko ga naredite vročega ali hladnega, odvisno od vaših želja.

d) Ko je čaj pripravljen, ga prelijemo čez zdrobljene bonbone iz satja v kozarcu.

e) V kozarec dodajte kuhane bisere tapioke (boba).

f) Po želji čaju dodamo sladilo in mešamo, dokler se ne raztopi.

g) V kozarec dodajte mleko ali nemlečno alternativo, tako da na vrhu pustite nekaj prostora za led.

h) Mešanico nežno premešajte, da se vse sestavine povežejo.

i) Dodajte ledene kocke, da ohladite pijačo in ji daste osvežilen pridih.

j) V kozarec vstavite veliko slamico ali slamico boba, da boste lahko med srkanjem pijače skupaj uživali v bonbonih iz satja in boba biserih.

k) Pijačo še dokončno premešajte in že je pripravljena za uživanje!

15.Vroča čokolada Honeycomb Candy

SESTAVINE:

- 2 skodelici mleka (mlečnega ali rastlinskega)
- 2 žlici kakava v prahu
- 2 žlici sladkorja
- ¼ skodelice satja, zdrobljenega
- Stepena smetana in čokoladni ostružki za preliv (neobvezno)

NAVODILA:

a) V ponvi segrevajte mleko na zmernem ognju, dokler ni vroče, vendar ne zavre.

b) Vmešajte kakav v prahu in sladkor, dokler se dobro ne povežeta in postaneta gladka.

c) Zmesi z vročo čokolado dodamo zdrobljene bonbone iz satja.

d) Še naprej segrevajte in mešajte, dokler se bonboni iz satja ne stopijo.

e) Vročo čokolado nalijte v skodelice.

f) Po želji prelijemo s stepeno smetano in čokoladnimi ostružki.

g) Na hladen dan uživajte v tej bogati in dekadentni vroči čokoladi iz satja.

16.Satovje žitno mleko

SESTAVINE:
- 2 skodelici mleka (mlečnega ali rastlinskega)
- 1 skodelica kosmičev iz satja

NAVODILA:
a) Mleko nalijemo v skledo.
b) Mleku dodamo kosmiče iz satja.
c) Nežno premešajte, da se žitarice vmešajo v mleko.
d) Mešanico pustite stati približno 10 minut, da žitarice prepojijo mleko z okusom.
e) Po želji precedite mleko, da odstranite ostanke žit.
f) Mleko iz satjastih kosmičev postrezite ohlajeno ali nad ledom.
g) Uživajte v tem nostalgičnem in sladkem mleku iz satja kot čudoviti pijači.

PREDJEDI

17.Pistacija in med Chevre Log

SESTAVINE:

- 1 hlod (10 unč ali 280 g) kozjega sira chevre
- 1/4 skodelice (85 g) medu
- 2 žlici (40 g) figove marmelade
- 1/8 do 1/4 skodelice (15 do 31 g) oluščenih, sesekljanih pistacij
- Servirni krožnik
- Majhna posoda, primerna za mikrovalovno pečico
- Žlica

NAVODILA:

a) Poleno sira Chevre položite na servirni krožnik.

b) Med in marmelado segrejte v majhni skledi v mikrovalovni pečici, dokler se konzerve ne stopijo in se med in marmelada zlahka združita.

c) Z mešanico medu in marmelade pokapljamo poleno kozjega sira in potresemo s sesekljanimi pistacijami.

d) Postrezite s krekerji ali hrustljavim kruhom.

18.Rustikalni nizozemski kruh

SESTAVINE:

PREDFERMENT:

- 1 skodelica (235 ml) ohlajene do mlačne vode (90 °F do 100 °F [32 °C do 38 °C])
- 1/2 čajne žličke aktivnega suhega kvasa
- 11/4 skodelice (171 g) moke za kruh
- 1/4 skodelice (31 g) večnamenske moke ali polnozrnate moke
- Velika skleda
- Lesena žlica
- Plastični ovoj

TESTO:

- Predfermentirajte od zgoraj
- 1 skodelica (235 ml) vode (100 °F do 115 °F [38 °C do 46 °C])
- 3/4 čajne žličke aktivnega suhega kvasa
- 2 žlici (40 g) medu
- 31/2 do 4 skodelice (480 do 548 g) moke za kruh
- 2 žlički soli ali po okusu
- Plastični ovoj
- Koruzni zdrob ali moka
- Pergamentni papir
- Nizozemska pečica
- Oster nož

NAVODILA:

a)   Za pripravo predfermenta zmešajte vse sestavine za predferment, da dobite gosto, mokro zmes. Pokrijte s plastično folijo in pustite počivati vsaj 2 uri. Za najboljši okus pustite predjed počivati dlje ali čez noč.

b)   Za pripravo testa zmešajte predkvas z žlico in nato dodajte vodo, kvas, med, 31/2 skodelice (480 g) moke in sol. Mešajte ali gnetite testo, dokler se vse sestavine ne zmešajo. Testo mora biti rahlo kosmato, neurejeno testo. Pokrijte z brisačo ali plastično folijo in pustite počivati 30 minut, da moka vpije vodo, nato pa ponovno pregnetite. Zdaj bi moralo biti bolj povezano in nekoliko bolj gladko. Zamesimo testo, po potrebi dodamo še moko, da dobimo mehko testo.

c)   Testo damo v rahlo pomaščeno skledo, pokrijemo z rahlo pomaščeno plastično folijo in pustimo vzhajati skoraj do podvojitve na hladnem mestu ali v hladilniku.

d) Previdno razvaljajte testo v eno veliko štruco, pri čemer se trudite, da se testo ne izprazni do konca. Kos pergamentnega papirja potresemo s koruzno moko ali moko. Testo nežno položite na pergamentni papir s šivi navzdol in pokrijte z namaščeno plastično folijo. Pustite vzhajati na toplem, dokler ne naraste za 50 odstotkov ali več.

e) Nizozemsko pečico postavite v pečico in obe predhodno segrejte na 425 °F (220 °C ali plinska oznaka 7). Lonec se lahko segreje nekoliko dlje kot sama pečica.

f) Ko je testo pripravljeno, lonec odstranite iz pečice. Poberite pergamentni papir in testo skupaj in ga položite neposredno v lonec. Z ostrim nožem zarežite ali prečrtajte kruh. Lonec pokrijemo s pokrovom in postavimo v pečico.

g) Takoj zmanjšajte temperaturo na 375 °F (190 °C ali plinska oznaka 5) in pecite 30 minut. Odstranite pokrov in pecite dodatnih 20 do 30 minut oziroma dokler kruh ni pečen. Notranja temperatura mora biti vsaj 190 °F (88 °C). Odstranite kruh iz nizozemske pečice in ga postavite na rešetko, da se ohladi. Uprite se želji po rezanju kruha, ko je še vroč. Štruco je najbolje uživati svežo, vendar hladno. V plastični vrečki bo zdržal nekaj dni.

19. Medeno maslo

SESTAVINE:

- 1 funt (455 g) masla
- 1/4 skodelice (85 g) medu
- Nož
- Srednja skleda
- Mešalnik
- Pergamentni papir ali plastična folija

NAVODILA:

a)   Maslo narežemo na koščke in dodamo v skledo. Maslo mešajte z mešalnikom pri nizki hitrosti, dokler se ne zrahlja in je lahko obdelano.

b)   Dodajte med in mešajte pri srednji hitrosti, dokler se dobro ne poveže.

c)   Z žlico položite na pergamentni papir ali plastično folijo, da oblikujete poleno, in ga postavite v hladilnik za nekaj ur ali dokler ni potrebno.

d)   Naredite medeno maslo še posebno tako, da medu dodate 1/2 čajne žličke mletega cimeta in 1/2 čajne žličke ekstrakta vanilije.

20.Bazilika medena rikota tartine

SESTAVINE:
- 1 štruca hrustljavega kruha iz kislega testa, narezana na 3/4- do 1-palčne (2 do 2,5 cm) rezine
- 1 skodelica (250 g) rikote iz polnomastnega mleka
- 2 limoni, olupljeni
- 1 skodelica (24 g) sladke bazilike, večji listi grobo narezani
- 1 velik strok česna, olupljen
- 1/2 do 1 skodelice (170 do 340 g) blagega medu
- Mikroplan ali zester za limone
- Žar ponev ali žar za popečenje kruha

NAVODILA:
a)   Rezine kruha popečemo na žaru ali na štedilniku v žar ponvi približno 2 minuti na vsako stran. Površine kruha morajo biti popečene do svetlo do srednje rjave barve.

b)   Po eni strani popečenega kruha podrgnite strok česna.

c)   Na kruh namažemo plast rikote, dodamo baziliko, rezine kruha pa potresemo z limonino lupinico.

d)   Tik pred serviranjem po vrhu pokapljajte med. Zaužijte takoj.

21.Honeycomb Crunchie ploščice

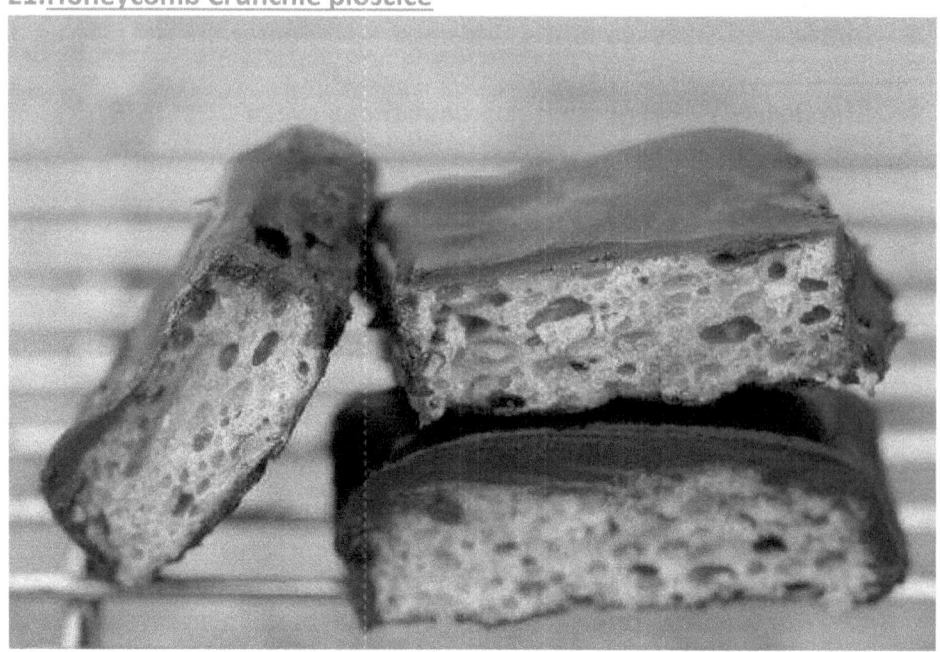

SESTAVINE:
- 4 skodelice kosmičev iz satja
- 2 skodelici koščkov mlečne čokolade
- ¼ skodelice masla

NAVODILA:

a) Pekač ali pekač obložimo s peki papirjem.

b) V veliki posodi za mešanje nežno zdrobite kosmiče v satju, pri čemer pustite nekaj večjih kosov za teksturo.

c) V posodi, primerni za uporabo v mikrovalovni pečici, v kratkih presledkih in med mešanjem stopite čokoladne koščke in maslo, da se gladko in popolnoma stopita.

d) Mešanico stopljene čokolade prelijte čez zdrobljene kosmiče in mešajte, dokler niso vsi kosmiči obloženi.

e) Zmes preložimo v pripravljen pekač in jo močno pritisnemo s hrbtno stranjo žlice ali lopatice.

f) Posodo postavimo v hladilnik za približno 1 uro oziroma toliko časa, da se čokolada strdi.

g) Ko so palice čvrste, jih odstranite iz posode in narežite na želene velikosti.

h) Postrezite in uživajte v satjastih hrustljavih ploščicah.

22.Satovje žitne ploščice

SESTAVINE:
- 3 skodelice kosmičev iz satja
- 2 skodelici mini marshmallowa
- 3 žlice masla
- ¼ skodelice medu
- ¼ skodelice satja, zdrobljenega

NAVODILA:
a) V veliki skledi zmešajte kosmiče iz satja in zdrobljene bombone iz satja. Dati na stran.

b) V kozici na majhnem ognju stopimo maslo.

c) Dodajte mini marshmallow v stopljeno maslo in mešajte, dokler se popolnoma ne stopi in postane gladka.

d) Odstavite ponev z ognja in vmešajte med.

e) Mešanico marshmallowa prelijte čez mešanico kosmičev iz satja in mešajte, dokler ni dobro prevlečena.

f) Zmes močno vtisnemo v pomaščen pekač.

g) Po vrhu potresemo še z zdrobljenimi bonboni iz satja.

h) Pustite, da se palice ohladijo in strdijo, preden jih razrežete na kvadratke.

i) Uživajte v teh čudovitih kosmičih v obliki satja za zajtrk na poti.

23. Honeycomb Cookie ploščice

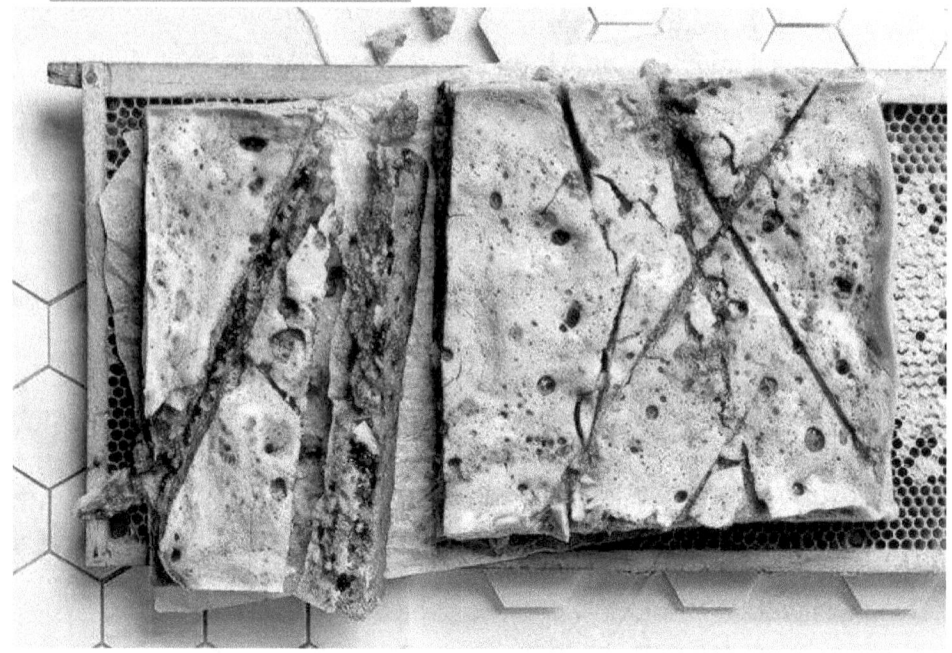

SESTAVINE:
- 1 ½ skodelice večnamenske moke
- ½ čajne žličke pecilnega praška
- ¼ čajne žličke soli
- ½ skodelice nesoljenega masla, zmehčanega
- ¾ skodelice granuliranega sladkorja
- ¼ skodelice medu
- 1 čajna žlička vanilijevega ekstrakta
- 1 veliko jajce
- 1 skodelica zdrobljenega satja

NAVODILA:
a) Pečico segrejte na 350 °F (175 °C) in namastite 9x9-palčni pekač.

b) V srednji skledi zmešajte moko, pecilni prašek in sol. Dati na stran.

c) V ločeni veliki skledi zmešajte zmehčano maslo, sladkor, med in vanilijev ekstrakt, dokler ne postane svetlo in puhasto.

d) Stepajte jajce, dokler se dobro ne združi.

e) Postopoma dodajajte suhe sestavine mokrim sestavinam in mešajte, dokler se le ne povežejo.

f) Zložite zdrobljene bonbone iz satja, majhno količino pa prihranite za preliv.

g) Piškotno maso enakomerno razporedimo po pripravljenem pekaču in po vrhu potresemo preostanek zdrobljenega satja.

h) Pečemo 25-30 minut oziroma dokler robovi niso zlato rjavi.

i) Odstranite iz pečice in pustite, da se popolnoma ohladi, preden ga razrežete na palice.

24. Honeycomb Candy Bark

SESTAVINE:
- 12 unč temne čokolade, stopljene
- 1 skodelica zdrobljenega satja
- ¼ skodelice sesekljanih oreščkov (neobvezno)

NAVODILA:
a) Pekač obložite s peki papirjem.
b) Stopljeno temno čokolado enakomerno razporedite po peki papirju.
c) Po čokoladi potresemo zdrobljene bombone iz satja in sesekljane oreščke (če jih uporabljamo).
d) Pekač postavimo v hladilnik za približno 30 minut oziroma dokler se čokolada ne strdi.
e) Ko strdi, lubje nalomite na koščke in postrezite.

25.Ugrizi z energijsko kroglico satja

SESTAVINE:

- 1 skodelica izkoščičenih datljev
- ½ skodelice mandljevega masla
- ¼ skodelice medu
- ½ čajne žličke vanilijevega ekstrakta
- ¼ čajne žličke soli
- 1 skodelica ovsenih kosmičev
- ¼ skodelice zdrobljenega satja
- ¼ skodelice naribanega kokosa (neobvezno, za valjanje)

NAVODILA:

a) V kuhinjskem robotu zmešajte datlje, mandljevo maslo, med, vanilijev ekstrakt in sol. Postopek do gladkega.

b) V multipraktik dodajte ovsene kosmiče in zdrobljene bombone iz satja. Nekajkrat utripajte, da se sestavine premešajo.

c) Iz zmesi zajemamo za žlico velike dele in jih z rokami razvaljamo v kroglice.

d) Po želji povaljajte grižljaje energijskih kroglic v nastrganem kokosu za dodatno plast okusa in teksture.

e) Grižljaje energijskih kroglic položite na pekač, obložen s pergamentnim papirjem, in jih postavite v hladilnik za vsaj 30 minut, da se strdijo.

f) Satove grižljaje energijskih kroglic hranite v nepredušni posodi v hladilniku.

26.Honeycomb Candy Popcorn

SESTAVINE:

- 8 skodelic pokovke
- ½ skodelice medu
- ¼ skodelice masla
- ½ čajne žličke vanilijevega ekstrakta
- ½ skodelice zdrobljenega satja

NAVODILA:

a) V majhni kozici skupaj na srednjem ognju stopite med in maslo.

b) Vmešajte vanilijev ekstrakt.

c) Pokukane kokice dajte v veliko skledo in jih prelijte z mešanico medu.

d) Pokovko nežno premešajte, da se enakomerno prekrije.

e) Po pokovki potresemo zdrobljene bonbone iz satja in jih ponovno premešamo.

f) Pustite, da se pokovka ohladi in medena zmes strdi, preden jo postrežete.

27.Mešanica za prigrizke v obliki satja

SESTAVINE:

- 2 skodelici kosmičev iz satja
- 1 skodelica preste
- ½ skodelice satja, zdrobljenega
- ¼ skodelice praženih arašidov ali mandljev
- ¼ skodelice posušenih brusnic ali rozin
- ¼ skodelice bele čokolade (neobvezno)

NAVODILA:

a)   V veliki skledi zmešajte kosmiče iz satja, preste, zdrobljene bombone iz satja, pražene arašide ali mandlje, posušene brusnice ali rozine in koščke bele čokolade (če uporabljate).

b)   Sestavine mešajte, dokler se dobro ne premešajo.

c)   Mešanico za prigrizke prenesite v nepredušno posodo ali posamezne vrečke za prigrizke.

d)   Uživajte v tej sladki in slani mešanici prigrizkov iz satja na poti ali kot hiter prigrizek.

28.Honeycomb Candy Dip

SESTAVINE:

- 8 unč kremnega sira, zmehčanega
- ½ skodelice sladkorja v prahu
- ¼ skodelice medu
- ¼ skodelice satja, zdrobljenega
- Jabolčne rezine, preste ali graham krekerji za namakanje

NAVODILA:

a) V posodi za mešanje stepite kremni sir do gladkega.

b) Postopoma dodajte sladkor v prahu in med ter mešajte, dokler se dobro ne povežeta.

c) Zložimo zdrobljene bonbone iz satja.

d) Prenesite pomak v servirno skledo.

e) Postrezite sladkarije iz satja z rezinami jabolk, preste ali graham krekerji za prijeten prigrizek.

29.Jogurtov parfe iz satja

SESTAVINE:
- 1 skodelica grškega jogurta
- 2 žlici medu
- ¼ skodelice zdrobljenega satja
- ¼ skodelice granole
- Sveže jagode za preliv (neobvezno)

NAVODILA:
a)   V skledi dobro zmešajte grški jogurt in med.

b)   V kozarec ali kozarec naložite medeni jogurt, zdrobljene bonbone iz satja in granolo.

c)   Plasti ponavljamo, dokler ne porabimo vseh sestavin.

d)   Po želji potresemo s svežimi jagodami.

e)   Parfait iz satjastega jogurta postrezite takoj ali pa ga ohladite, dokler ne boste lahko uživali.

30.Honeycomb Candy Granola

SESTAVINE:

- 3 skodelice staromodnega ovsa
- 1 skodelica sesekljanih oreščkov (npr. mandljev, orehov, pekanov)
- ¼ skodelice medu
- 2 žlici kokosovega olja, stopljenega
- 1 čajna žlička vanilijevega ekstrakta
- ¼ čajne žličke soli
- ½ skodelice suhega sadja (npr. rozine, brusnice, sesekljane marelice)
- ¼ skodelice zdrobljenega satja

NAVODILA:

a) Pečico segrejte na 325 °F (165 °C) in obložite pekač s pergamentnim papirjem.

b) V veliki skledi zmešajte oves, sesekljane oreščke, med, stopljeno kokosovo olje, ekstrakt vanilije in sol. Mešajte, dokler niso vse sestavine dobro obložene.

c) Zmes enakomerno razporedite po pripravljenem pekaču.

d) Pecite v ogreti pečici 20-25 minut, enkrat ali dvakrat premešajte, dokler granola ni zlato rjava in popečena.

e) Pekač vzamemo iz pečice in pustimo, da se granola popolnoma ohladi.

f) Ohlajenemu vmešamo suho sadje in zdrobljene satove.

g) Satovo granolo hranite v nepredušni posodi pri sobni temperaturi do 2 tedna.

SLADICE

31.Cannelé Bordelais

SESTAVINE:
TESTO:
- 2 skodelici (475 ml) polnomastnega mleka
- 11/2 unče (42 g) nesoljenega masla
- 1 vanilijev strok, razdrobljen s postrganimi semeni
- 3/4 skodelice (150 g) sladkorja
- 3/4 skodelice (94 g) moke
- 1/4 čajne žličke soli
- 2 veliki jajci
- 2 velika rumenjaka
- 1/4 skodelice (60 ml) temnega ruma

MAST ZA PLESNE:
- 1 žlica (14 g) čebeljega voska
- 1 žlica (14 g) nesoljenega masla
- Majhna ponev
- Srednja skleda
- Majhna skleda
- Lesena žlica
- Posoda z nepredušnim pokrovom
- Cannelé kalupi (bodisi bakreni, aluminijasti ali silikonski)
- Majhna, toplotno odporna posoda
- Očistite ščetko za mast za kalupe
- Pecilna folija

NAVODILA:
a) V ponvi na zmernem ognju segrevajte mleko, maslo ter strok vanilje in semena, dokler se maslo ne stopi in počasi vre. Odstranite z ognja in pustite, da se malo ohladi. Odstranite vanilijev strok.

b) V srednji skledi zmešajte sladkor, moko in sol. Dati na stran.

c) V majhni skledi zmešajte jajca in rumenjake, pri čemer pazite, da ne dobite preveč zraka. Jajca temperirajte tako, da jajcem dodate majhne količine toplega mleka in premešate, preden dodate še mleko. Ideja je povišati temperaturo jajc brez kuhanja. Ko približno polovico mleka vmešamo v jajca, dodamo preostalo mešanico mleka in jajc mešanici sladkorja in moke. Premešajte le toliko, da se vključi. Dodamo rum in zmes prelijemo v nepredušno posodo ter ohladimo.

d) Mešanico pustite počivati v hladilniku vsaj 2 dni, občasno premešajte. Pustite, da se segreje na sobno temperaturo eno uro pred peko.

e) Ta recept je popoln začetni recept. Ko pripravljam mleko, dodam pomarančno lupinico, vendar lahko dodam vse vrste okusov, da prilagodim recept. Poskusite sivkine cvetove, zvezdasti janež ali celo kavo.

f) Ko ste pripravljeni za peko, segrejte pečico na 475 °F (240 °C ali plinska oznaka 9) in pripravite modele.

g) Najprej stopite čebelji vosek in maslo v majhni, toplotno odporni posodi. Za oblaganje modelčkov le-te rahlo segrejte. S čopičem namažite mešanico čebeljega voska/masla v tanko plast znotraj kalupov in postavite v zamrzovalnik, da se ohladi.

h) Modelčke položite na pekač, tako da okoli vsakega modelčka pustite dovolj zračnega prostora. Testo rahlo premešamo in vlijemo v modelčke. Modele napolnite približno do 3/4.

i) Ko je pečica vroča, previdno prenesite pekač v pečico in takoj znižajte temperaturo na 425 °F (220 °C ali plinska oznaka 7).

j) Pečemo 15 minut. Znižajte temperaturo pečenja na 375 °F (190 ° ali plinska oznaka 5) še kakšno uro.

k) Pecite, dokler zunanjost ni srednje do temno rjava (vendar ne zažgana). Vzemite pekač iz pečice in pustite Cannelé počivati 10 minut, preden jih odstranite iz modela na rešetko za hlajenje.

32.Medeno čajno pecivo s citrusi

SESTAVINE:

- 2 skodelici (260 g) + 2 žlici (16 g) večnamenske moke
- 21/4 žličke pecilnega praška
- 1/2 čajne žličke soli
- Sveže naribana lupinica in sok 2 krvavih pomaranč
- Sveže naribana lupinica in sok 1/2 limone
- 4 velika jajca, pri sobni temperaturi
- 1/2 skodelice (170 g) medu
- 3/4 skodelice (175 ml) blagega ekstra deviškega oljčnega olja
- 1/2 skodelice (120 ml) mleka
- strgalnik
- Sokovnik za citruse
- 8-palčni (23 cm) pekač za hlebce
- Pergamentni papir
- Majhna skleda
- Srednja skleda
- Stepajte
- Lesena žlica

NAVODILA:

a)   Pečico segrejte na 350 °F (180 °C ali plinska oznaka 4). Pekač obložite s kosom peki papirja, ki je dovolj dolg, da visi čez stranice (to deluje kot ročaj, s katerim lahko pečeno štruco enostavno dvignete iz pekača).

b)   V majhni skledi zmešajte moko, pecilni prašek, sol, lupinico krvave pomaranče in limonino lupinico.

c)   V srednje veliki skledi zmešajte jajca, med, olivno olje ter sok rdeče pomaranče in limone. Močno stepajte, dokler ni gladka in brez grudic. Zmešajte mleko in mešanico moke ter mešajte, dokler se ne zmešata in ni vidnih grudic moke.

d)   Testo strgajte v pripravljen pekač. Pecite 50 minut oziroma dokler ne dobi temno zlate barve in kolač ne poskoči nazaj, ko ga nežno potrkate s prstom.

e)   Pustite, da se torta popolnoma ohladi, preden jo razrežete. Morebitne ostanke torte tesno zavijte v pergamentni papir in uživajte v 2 dneh.

33.Mango Shrikhand

SESTAVINE:

- 3/4 skodelice (180 g) precejenega jogurta (približno 2 skodelici [460 g] neocejenega)
- 1 do 2 žlici (15 do 28 ml) mleka
- Žafran, nekaj niti, zdrobljen
- 1/4 skodelice (85 g) medu (če so mango super sladki, začnite z manj)
- 1/4 čajne žličke zelenega kardamoma v prahu
- 1/4 do 1/2 skodelice (62 do 125 g) mangovega pireja
- 6 do 8 pistacij (ali drugih oreščkov, kot so mandlji ali indijski oreščki), drobno sesekljanih, po želji
- Srednja skleda
- Majhna posoda (varna za mikrovalovno pečico)
- Lesena žlica

NAVODILA:

a) Precejen jogurt vlijemo v srednje veliko skledo in odstavimo.

b) Mleko nalijte v majhno skledo, primerno za uporabo v mikrovalovni pečici, in ga segrejte na temperaturo približno 120 °F (49 °C). Dodamo žafran in premešamo. Ko je še toplo, dodajte med in premešajte, da se združi. Toplota mleka bi morala pomagati zmehčati med in mu omogočiti mešanje s hladnim jogurtom.

c) Precejenemu jogurtu dodajte mešanico mleka in medu, kardamom v prahu in mangov pire. Nežno mešajte, dokler se popolnoma ne zmeša.

d) Mešanico nalijte v desertne posodice in ohladite. Po želji tik pred serviranjem potresemo s sesekljanimi oreščki. Najbolje je uživati v dnevu ali dveh.

34.Krhka ajdova granola

SESTAVINE:

- 3 skodelice (240 g) ovsenih kosmičev (po potrebi brez glutena)
- 1 skodelica (240 g) ajde
- 11/2 skodelice (90 g) kokosovih kosmičev
- 1/4 skodelice (52 g) chia semen
- 1/4 skodelice (36 g) kokosovega sladkorja
- 1 skodelica (135 g) lešnikov (tudi orehi so okusni.)
- 1/3 skodelice (75 g) kokosovega olja
- 1/3 skodelice (115 g) medu
- 1 čajna žlička vanilijevega ekstrakta
- 1/2 čajne žličke drobnozrnate morske soli
- 1/2 skodelice (40 g) kakava v prahu (ekološki, po možnosti pravična trgovina)
- 2 do 3 beljaki (po želji)
- Velika skleda
- Nož
- Rezalna deska
- Majhna ponev
- Lesena žlica
- Majhna skleda
- Stepajte
- Spatula
- Pecilna folija
- Pergamentni papir

NAVODILA:

a) Pečico segrejte na 350 °F (180 °C ali plinska oznaka 4).

b) V veliki skledi zmešajte oves, ajdo, kokosove kosmiče, chia semena in kokosov sladkor. Orehe grobo sesekljajte in jih dodajte mešanici.

c) V majhni ponvi na nizkem srednjem ognju stopite kokosovo olje. Dodajte med, vanilijo, sol in kakav v prahu. Mešajte, da postane gladka.

d) Beljake v majhni skledi stepite v penasti sneg.

e) Suhe sestavine prelijemo z mešanico medu/olja in prepognemo z žlico, da se popolnoma in enakomerno prekrije. Dodamo stepene beljake in dobro premešamo.

f) Zmes v enakomerni plasti razporedimo po obloženem pekaču in s hrbtno stranjo lopatice močno pritisnemo, da je zmes kompaktna. Pečemo 15 do 20 minut.

g) Odstranite iz pečice, obrnite granolo na velike kose in jo postavite nazaj v pečico, da se peče še nadaljnjih 10 minut, mešajte vsake 3 do 4 minute, dokler ni opečena in zadiši.

h) Še en dober način, da ga preizkusite, je z okušanjem lešnika, ki se najdlje kuha – mora imeti okus po oreščkih in prijetno pražen. Granolo hranite v nepredušni posodi do nekaj mesecev.

35.Medeni sladoled

SESTAVINE:

- 11/2 skodelice (355 ml) težke smetane
- 11/2 skodelice (355 ml) polnomastnega mleka
- 1/3 skodelice (115 g) ajdovega medu ali malo več medu blagega okusa
- 5 velikih rumenjakov
- Ščepec soli
- 1/2 čajne žličke vanilijevega ekstrakta
- Srednja ponev
- Lesena žlica
- Srednja skleda
- Stepajte
- Cedilo s fino mrežico
- Čista skleda
- Ovitek za oprijem
- Izdelovalec sladoleda
- Posoda s tesnim zapiranjem za končni sladoled

NAVODILA:

a) Posodo, v kateri nameravate shraniti končni sladoled, postavite v zamrzovalnik, da se ohladi. V srednje veliki ponvi zmešajte smetano, mleko in med. Segrevajte na zmernem ognju, dokler komaj ne zavre, ob pogostem mešanju. Odstranite z ognja in pokrijte. Dati na stran.

b) V srednje veliki skledi stepemo rumenjake. Rumenjake temperiramo tako, da v rumenjake med stepanjem počasi vlijemo malo vroče smetane, da se temperatura dvigne in se rumenjaki ne skuhajo. Nato vse skupaj zlijemo nazaj v ponev.

c) Mešanico segrevajte na srednjem ognju, nenehno mešajte in med mešanjem strgajte po dnu. Medtem ko se krema segreva, vmešajte sol in vanilijev ekstrakt. Nežno kuhajte, dokler se zmes ne zgosti toliko, da lahko pokrijete zadnjo stran lesene žlice, približno 4 minute.

d) Kremo prelijte skozi cedilo z drobno mrežico v čisto skledo. Postavite skledo v ledeno kopel in občasno mešajte kremo, dokler se ne ohladi, približno 20 minut. Pokrijte in ohladite vsaj 3 ure ali čez noč.

e) Ohlajeno kremo vlijemo v aparat za sladoled in upoštevamo navodila proizvajalca.

f) Ko sladoled doseže želeno konsistenco, ga postrgajte v predhodno ohlajeno posodo, pokrijte in postavite v zamrzovalnik.

36.Sladoled iz čebeljega voska

SESTAVINE:

- 2 skodelici (475 ml) težke smetane
- 1 skodelica (235 ml) polnomastnega mleka
- 1/3 skodelice (115 g) ajdovega medu ali malo več medu blagega okusa
- 7 velikih rumenjakov
- Ščepec soli
- 1/2 čajne žličke vanilijevega ekstrakta
- 1/2 skodelice (115 g) čebeljega voska, stopljenega
- Srednja ponev
- Lesena žlica
- Srednja skleda
- Stepajte
- Mešalnik
- Cedilo s fino mrežico
- Čista skleda
- Ovitek za oprijem
- Izdelovalec sladoleda
- Posoda s tesnim zapiranjem za končni sladoled

NAVODILA:

a) Posodo, v kateri nameravate shraniti končni sladoled, postavite v zamrzovalnik, da se ohladi. V srednje veliki ponvi zmešajte smetano, mleko in med. Segrevajte na zmernem ognju, dokler komaj ne zavre, ob pogostem mešanju. Odstavimo z ognja in pokrijemo. Dati na stran.

b) V srednje veliki skledi stepemo rumenjake. Rumenjake temperiramo tako, da v rumenjake med stepanjem počasi vlijemo nekaj vroče smetane, da se temperatura dvigne in prepreči, da bi se rumenjaki skuhali. Nato vse skupaj zlijemo nazaj v ponev.

c) Mešanico segrevajte na srednjem ognju, nenehno mešajte in med mešanjem strgajte po dnu. Medtem ko se krema segreva, vmešajte sol in vanilijev ekstrakt. Nežno kuhajte, dokler se zmes ne zgosti toliko, da lahko pokrijete zadnjo stran lesene žlice, približno 4 minute.

d) Odstavite z ognja in v vročo kremo počasi vmešajte stopljeni čebelji vosek. Celotno vsebino prelijte v blender in 30 sekund mešajte pri visoki temperaturi. Mešanico precedite v čisto skledo skozi cedilo s finimi mrežicami, da zajamete morebitne trdne delce voska, ki niso bili vključeni. Postavite skledo v ledeno kopel in občasno mešajte kremo, dokler se ne ohladi, približno 20 minut. Pokrijte in ohladite vsaj 3 ure ali čez noč.

e) Ohlajeno kremo vlijemo v aparat za sladoled in upoštevamo navodila proizvajalca.

f) Ko sladoled doseže želeno konsistenco, končni sladoled postrgajte v predhodno ohlajeno posodo, pokrijte in postavite v zamrzovalnik.

37.Sladoled iz satja

SESTAVINE:

- 2 skodelici težke smetane
- 1 skodelica polnomastnega mleka
- ¾ skodelice granuliranega sladkorja
- 4 veliki rumenjaki
- 1 čajna žlička vanilijevega ekstrakta
- 1 skodelica zdrobljenega satja

NAVODILA:

a) V ponvi zmešajte smetano, polnomastno mleko in granulirani sladkor. Segrevajte na zmernem ognju, dokler mešanica ni vroča, vendar ne vre, občasno premešajte.

b) V ločeni skledi stepemo rumenjake.

c) Približno ½ skodelice mešanice vroče smetane postopoma vlijte v rumenjake in nenehno mešajte, da se rumenjaki strdijo.

d) Umirjeno rumenjakovo mešanico ob stalnem mešanju vlijemo nazaj v ponev s preostalo mešanico smetane.

e) Zmes med stalnim mešanjem kuhamo na srednjem ognju, dokler se ne zgosti in prekrije hrbtno stran žlice. Ne pustite, da zavre.

f) Odstavite ponev z ognja in vmešajte vanilijev ekstrakt.

g) Mešanico prenesite v skledo in jo pokrijte s plastično folijo, tako da jo pritisnete neposredno na površino kreme, da preprečite nastanek kože.

h) Kremo hladite v hladilniku vsaj 4 ure ali čez noč.

i) Ohlajeno kremo vlijemo v aparat za sladoled in stepamo po navodilih proizvajalca.

j) V zadnjih nekaj minutah mešanja dodamo zdrobljene bonbone iz satja in nadaljujemo s stepanjem, dokler ni dobro premešano.

k) Satov sladoled prestavimo v posodo s pokrovom in pred serviranjem zamrznemo za nekaj ur, da se strdi.

38.Honeycomb Candy zamrznjeni jogurtovi grižljaji

SESTAVINE:
- Grški jogurt
- srček
- Satovje, zdrobljeno
- ½ skodelice divjih zamrznjenih borovnic (neobvezno)

NAVODILA:
a) Pekač obložite s peki papirjem.
b) V manjši skledi zmešajte grški jogurt in med, da sladkate po svojem okusu.
c) Na pekač z žlico nanesite majhne kepice jogurtove mešanice.
d) Čez vsako kepico potresemo zdrobljene bonbone iz satja in jagode.
e) Pekač za nekaj ur postavimo v zamrzovalnik, da jogurtovi grižljaji zamrznejo.

39.Satovjasta bananina torta

SESTAVINE:

- 2 skodelici večnamenske moke
- 1 ½ žličke pecilnega praška
- ½ čajne žličke sode bikarbone
- ¼ čajne žličke soli
- ½ skodelice nesoljenega masla, zmehčanega
- 1 skodelica granuliranega sladkorja
- 2 veliki jajci
- 1 čajna žlička vanilijevega ekstrakta
- 3 zrele banane, pretlačene
- ½ skodelice pinjenca
- ½ skodelice zdrobljenega satja

NAVODILA:

a) Pečico segrejte na 350 °F (175 °C) in namastite 9-palčni okrogel pekač za torte.

b) V srednji skledi zmešajte moko, pecilni prašek, sodo bikarbono in sol. Dati na stran.

c) V ločeni veliki skledi penasto stepite zmehčano maslo in sladkor, dokler ne postane svetlo in puhasto.

d) Eno za drugim stepemo jajca, nato pa vanilijev ekstrakt.

e) Zmešajte pretlačene banane, dokler se dobro ne povežejo.

f) Postopoma dodajte suhe sestavine mokrim sestavinam, izmenično z pinjencem, začnite in končajte s suhimi sestavinami. Mešajte, dokler se le ne združi.

g) Zložimo zdrobljene bonbone iz satja.

h) Maso vlijemo v pripravljen pekač za torte in po vrhu zgladimo z lopatko.

i) Pecite 35-40 minut oziroma dokler zobotrebec, ki ga zapičite v sredino, ne izstopi čist.

j) Odstranite iz pečice in pustite, da se torta 10 minut hladi v pekaču, preden jo prestavite na rešetko, da se popolnoma ohladi.

k) Ko se ohladi, lahko torto premažete z izbrano glazuro ali pa jo postrežete tako, kot je.

SESTAVINE:

- 8 unč temne čokolade, sesekljane
- ½ skodelice zdrobljenega satja

NAVODILA:

a) Pekač obložite s peki papirjem.

b) Temno čokolado raztopite v posodi, primerni za mikrovalovno pečico, in jo vsakih 30 sekund mešajte, dokler ni gladka.

c) Stopljeno čokolado vlijemo na pripravljen pekač in jo razporedimo v enakomerno plast.

d) Na stopljeno čokolado potresemo zdrobljene bonbone iz satja in jih rahlo pritisnemo, da se sprimejo.

e) Pekač postavimo v hladilnik za približno 30 minut oziroma dokler se čokolada ne strdi.

f) Ko strdi, sat temne čokolade nalomimo na koščke in postrežemo.

SESTAVINE:
- 2 skodelici mleka (mlečnega ali rastlinskega)
- ¼ skodelice medu
- Satovje žita
- Satovje, zdrobljeno
- Sesekljane jagode, banane ali čokoladni čips (neobvezno)

NAVODILA:
a) V skledi zmešajte mleko in med, dokler se dobro ne združita.

b) V vsak modelček za sladoled položite nekaj kosov zdrobljenih bonbonov iz satja in majhno pest kosmičev iz satja.

c) Dodajte neobvezne prelive.

d) Mešanico mleka in medu vlijemo v modelčke in jih napolnimo do vrha.

e) V vsak kalup vstavite palčke za sladoled.

f) Zamrznite sladoled za vsaj 4-6 ur ali dokler niso popolnoma zamrznjeni.

g) Odstranite sladoledne sladolede iz modelčkov in uživajte.

42.Honeycomb Cheesecake

SESTAVINE:

- 1 ½ skodelice drobtin graham krekerja
- ¼ skodelice stopljenega masla
- 16 unč kremnega sira, zmehčanega
- 1 skodelica sladkorja
- 1 čajna žlička vanilijevega ekstrakta
- 3 velika jajca
- ½ skodelice zdrobljenega satja

NAVODILA:

a) Pečico segrejte na 325 °F (160 °C) in namastite 9-palčni vzmetni pekač.

b) V skledi za mešanje zmešajte drobtine graham krekerja in stopljeno maslo. Zmes vtisnite na dno pripravljenega pekača, da nastane skorjica.

c) V ločeni skledi stepite kremni sir, sladkor in vanilijev ekstrakt, dokler ne postane gladka in kremasta.

d) Eno za drugim dodajte jajca in po vsakem dodajanju dobro stepite.

e) Zložimo zdrobljene bonbone iz satja.

f) Mešanico kremnega sira prelijte čez skorjo v vzmetnem modelu.

g) Pečemo 50-60 minut ali dokler se sredina ne strdi.

h) Odstranite iz pečice in pustite, da se cheesecake popolnoma ohladi, preden ga postavite v hladilnik za nekaj ur ali čez noč.

i) Postrezite ohlajeno in po želji okrasite z dodatnimi zdrobljenimi bonboni iz satja.

43.Honeycomb Candy Gateau

SESTAVINE:

- 2 skodelici večnamenske moke
- 2 skodelici granuliranega sladkorja
- 1 skodelica nesoljenega masla, zmehčanega
- 4 velika jajca
- 1 skodelica pinjenca
- 1 čajna žlička vanilijevega ekstrakta
- 1 čajna žlička pecilnega praška
- ½ čajne žličke sode bikarbone
- ¼ čajne žličke soli
- 1 skodelica zdrobljenega satja
- Stepena smetana ali glazura za dekoracijo (neobvezno)

NAVODILA:

a) Pečico segrejte na 350 °F (175 °C) ter namastite in pomokajte dva 9-palčna okrogla pekača za torte.

b) V veliki posodi za mešanje zmešajte zmehčano maslo in granulirani sladkor, dokler ne postane svetlo in puhasto.

c) Eno za drugim stepemo jajca, nato pa vanilijev ekstrakt.

d) V ločeni skledi zmešajte moko, pecilni prašek, sodo bikarbono in sol.

e) Postopoma dodajte suhe sestavine mokrim sestavinam, izmenično z pinjencem, začnite in končajte s suhimi sestavinami. Mešajte, dokler se le ne združi.

f) Zložimo zdrobljene bonbone iz satja.

g) Testo enakomerno porazdelite med pripravljene modelčke za torto in vrhove zgladite z lopatko.

h) Pecite v predhodno ogreti pečici 25-30 minut oziroma dokler zobotrebec, ki ga zapičite v sredino, ne izstopi čist.

i) Odstranite iz pečice in pustite, da se torte 10 minut ohlajajo v pekačih, preden jih prestavite na rešetko, da se popolnoma ohladijo.

j) Ko se ohladijo, lahko torte po želji premažete s stepeno smetano ali glazuro. Sestavite plasti, da ustvarite torto v slogu gateau.

SESTAVINE:
- 1-pint sladoleda v obliki satja
- 12 piškotov po vaši izbiri (čokoladni, sladkorni itd.)
- Zdrobljeni bonboni iz satja za zvijanje

NAVODILA:
a) Pustimo, da se satjasti sladoled na sobni temperaturi nekoliko zmehča.
b) Vzemite kepico sladoleda in jo položite na ravno stran enega piškota.
c) Na vrh sladoleda položite še en piškotek in ga nežno pritisnite, da nastane sendvič.
d) Robove sladolednega sendviča povaljajte v zdrobljenem satju, da obložite stranice.
e) Postopek ponovimo s preostalimi piškoti in sladoledom.
f) Satove sladoledne sendviče postavite v zamrzovalnik za vsaj 1 uro ali dokler se ne strdijo.
g) Postrezite ohlajene sladoledne sendviče za čudovito medeno poslastico.

45.Medena kavna torta

SESTAVINE:

ZA TORTO:
- 2 skodelici večnamenske moke
- 1 ½ žličke pecilnega praška
- ½ čajne žličke sode bikarbone
- ¼ čajne žličke soli
- ½ skodelice nesoljenega masla, zmehčanega
- ¾ skodelice granuliranega sladkorja
- 2 veliki jajci
- 1 čajna žlička vanilijevega ekstrakta
- ½ skodelice kisle smetane
- ¼ skodelice medu
- ¼ skodelice mleka

ZA STREUSEL PRELIV:
- ½ skodelice večnamenske moke
- ¼ skodelice granuliranega sladkorja
- ¼ skodelice pakiranega rjavega sladkorja
- ½ čajne žličke mletega cimeta
- ¼ skodelice nesoljenega masla, stopljenega

ZA GLAZURO:
- 1 skodelica sladkorja v prahu
- 1 žlica medu
- 2 žlici mleka

NAVODILA:

a)   Pečico segrejte na 350 °F (175 °C). Namastite in pomokajte 9-palčni okrogel pekač za torte.

b)   V srednji skledi zmešajte moko, pecilni prašek, sodo bikarbono in sol. Dati na stran.

c)   V veliki posodi za mešanje zmešajte zmehčano maslo in granulirani sladkor, dokler ne postane svetlo in puhasto.

d)   Eno za drugim stepemo jajca, nato pa vanilijev ekstrakt.

e)   Masleni mešanici dodajte kislo smetano, med in mleko ter mešajte, dokler se dobro ne poveže.

f)   Postopoma dodajajte suhe sestavine k mokrim sestavinam in mešajte, dokler se ravno ne mešajo. Pazite, da ne premešate preveč.

g)   Testo vlijemo v pripravljen pekač za torto in ga enakomerno porazdelimo.

h) V ločeni majhni skledi zmešajte moko, kristalni sladkor, rjavi sladkor in cimet za streusel preliv.

i) Prilijemo stopljeno maslo in mešamo, dokler zmes ne postane podobna grobim drobtinam.

j) Streusel preliv enakomerno potresemo po testu za torto.

k) Pecite v predhodno ogreti pečici 30-35 minut oziroma dokler zobotrebec, ki ga zapičite v sredino, ne izstopi čist.

l) Torto vzamemo iz pečice in pustimo, da se 10 minut ohlaja v pekaču, nato jo prestavimo na rešetko, da se popolnoma ohladi.

m) Medtem ko se kolač ohlaja, pripravite glazuro tako, da sladkor v prahu, med in mleko stepete do gladkega.

n) Ko se torta ohladi, jo pokapajte z glazuro.

o) Okusno medeno kavno torto narežite in postrezite.

p) Uživajte v tem vlažnem in okusnem kavnem kolaču z medom ob skodelici kave ali čaja!

46.Satovjasta limonina torta

SESTAVINE:

ZA TORTO:
- 2 skodelici večnamenske moke
- 2 žlički pecilnega praška
- ½ čajne žličke sode bikarbone
- ¼ čajne žličke soli
- ½ skodelice nesoljenega masla, zmehčanega
- 1 skodelica granuliranega sladkorja
- 3 velika jajca
- Lupina 2 limon
- ¼ skodelice svežega limoninega soka
- ½ skodelice pinjenca
- ¼ skodelice medu
- 1 čajna žlička vanilijevega ekstrakta

ZA POLNJENJE SATJA:
- 1 skodelica satja, zdrobljenega na majhne koščke

ZA LIMONINO GLAZURO:
- 1 skodelica sladkorja v prahu
- 2 žlici svežega limoninega soka

NAVODILA:

a) Pečico segrejte na 350 °F (175 °C). Namastite in pomokajte 9-palčni okrogel pekač za torte.

b) V srednji skledi zmešajte moko, pecilni prašek, sodo bikarbono in sol. Dati na stran.

c) V veliki posodi za mešanje zmešajte zmehčano maslo in granulirani sladkor, dokler ne postane svetlo in puhasto.

d) Eno za drugim stepemo jajca, nato še limonino lupinico in limonin sok.

e) Masleni mešanici dodajte pinjenec, med in ekstrakt vanilije ter mešajte, dokler se dobro ne združi.

f) Postopoma dodajajte suhe sestavine k mokrim sestavinam in mešajte, dokler se ravno ne mešajo. Pazite, da ne premešate preveč.

g) Polovico testa za torto vlijemo v pripravljen pekač in ga enakomerno porazdelimo.

h) Po testu potresemo zdrobljene bonbone iz satja, da zagotovimo enakomerno porazdelitev.

i) Preostalo tortno maso prelijemo čez plast bonbonov iz satja in jo razporedimo tako, da prekrijemo nadev.

j) Pecite v predhodno ogreti pečici 30-35 minut oziroma dokler zobotrebec, ki ga zapičite v sredino, ne izstopi čist.

k) Torto vzamemo iz pečice in pustimo, da se 10 minut ohlaja v pekaču, nato jo prestavimo na rešetko, da se popolnoma ohladi.

l) Medtem ko se torta ohlaja, pripravite limonino glazuro, tako da sladkor v prahu in svež limonin sok stepete do gladkega.

m) Ko se torta ohladi, po vrhu torte pokapljamo limonino glazuro.

n) Narežite in postrezite okusno Satovo limonino torto.

PIŠKOTI IN BONBONI

47.Medeni piškoti

SESTAVINE:

- 1/2 skodelice (225 g) masla, zmehčanega
- 1/2 skodelice (115 g) temno rjavega sladkorja, pakirano
- 1/2 skodelice (170 g) medu
- 1 jajce
- 11/2 skodelice (188 g) večnamenske moke
- 1/2 čajne žličke sode bikarbone
- 1/2 čajne žličke soli
- 1/2 čajne žličke cimeta
- Pecilna folija

NAVODILA:

a) Pečico segrejte na 375 °F (180 °C ali plinska oznaka 4).

b) Maslo, rjavi sladkor, med in jajce stepemo v srednji skledi do gladkega, občasno strgamo po straneh. Vmešajte vse preostale sestavine.

c) Testo po žlicah padamo na pomaščen ali obložen pekač. Pecite približno 7 do 10 minut oziroma dokler se piškoti ne strdijo in robovi ne začnejo rjaveti. Piškoti bodo še vedno videti svetleči, ko bodo gotovi.

d) Odstranite jih iz pekača, položite na rešetko za hlajenje in pustite, da se popolnoma ohladijo. Najbolje jih je uživati sveže, po potrebi pa bodo zdržali več dni v nepredušni posodi.

48.Energijski ugrizi

SESTAVINE:

- 2 skodelici (160 g) ovsenih kosmičev
- 1 skodelica (teža se lahko razlikuje) semen
- 1/2 skodelice (teža se lahko razlikuje) sesekljanih orehov
- 1/2 skodelice (teža se bo razlikovala) po potrebi sesekljanega suhega sadja
- 2 žlici (44 g) mletega lanenega semena
- 2/3 skodelice (230 g) medu
- 1/2 do 3/4 skodelice (130 do 195 g) masla iz orehov
- 1 žlica (15 ml) vanilijevega ekstrakta
- 4 žlice (36 g) cvetnega prahu
- Srednja skleda
- Majhna skleda
- Lesena žlica

NAVODILA:

1. Vse suhe sestavine odmerite v srednje veliko skledo. Dati na stran.

2. Odmerite med in maslo iz orehov v majhno skledo. Mešanico nekoliko segrejte, da jo boste lažje mešali. Dodajte vanilijev ekstrakt in cvetni prah. Mešajte, da se združi.

3. Suhim sestavinam dodajte masleno mešanico medu in orehov ter dobro premešajte.

4. Oblikujte kroglice velikosti približno 11/2 palca (4 cm) v premeru. Shranjujte v nepredušni posodi v hladilniku. Obdržali se bodo več tednov, če jih shranite v hladilniku.

49.Medene karamele

SESTAVINE:
- 1 skodelica (235 ml) težke smetane
- 1 vanilijev strok, razrezan po dolžini
- 3 žlice (15 g) nesladkanega kakava v prahu (neobvezno)
- 11/3 skodelice (267 g) sladkorja
- 2/3 skodelice (230 g) medu
- 1 palčka (4 unče ali 112 g) nesoljenega masla, zmehčanega in narezanega na koščke
- 1 čajna žlička grobe morske soli
- Pekač, 9 palcev x 9 palcev (23 cm x 23 cm)
- Voščeni papir
- Majhna ponev
- Velika ponev
- Stepajte
- Termometer za sladkarije
- Oster nož
- Rezalna deska

NAVODILA:
1. Pekač obložite z voščenim papirjem, tako da na obeh straneh pustite dolge previse.
2. V majhni kozici zmešajte smetano in stržen vanilijev strok ter pustite vreti na majhnem ognju 10 minut. Odstranimo strok vanilje, izpraskamo semena in dodamo kremi. Po želji dodajte kakav v prahu in premešajte, da se združi. Hraniti na nizkem ognju.
3. V veliki ponvi zmešajte sladkor in med. Brez mešanja raztopite mešanico medu in sladkorja na srednjem ognju, dokler ni gladka in stopljena. Nadaljujte s segrevanjem mešanice, dokler ne potemni do globoke karamelne barve, približno 5 minut. Pazljivo pazite – sladkor hitro gori!
4. Odstavite z ognja in enega za drugim vmešajte koščke masla. Ko dodamo vse maslo, z metlico vmešamo še vročo mešanico vaniljeve kreme.
5. Lonec zavrite na zmernem ognju in nadaljujte z vretjem, dokler mešanica ne doseže stopnje trde kroglice (glejte stransko vrstico). Odstavimo z ognja in v pripravljeno ponev vlijemo karamelo.
6. Pekač postavite v hladilnik za približno 10 minut, da se rahlo strdi, nato pa vrh karamel potresite z morsko soljo. Pustite, da se karamele vzhajajo

na sobni temperaturi približno eno uro ali dokler se popolnoma ne ohladijo.

7. Za odstranitev iz pekača nežno povlecite voščen papir in odstranite karamelni blok iz pekača. Z ostrim nožem narežite na kvadratke in zavijte v majhne koščke voščenega papirja.

8. Zavite karamele hranite v nepredušni posodi, da preprečite, da bi pritegnile vlago in na zunanji strani postale gumijaste. Ob predpostavki, da jih najprej ne pojedo, bi jih morali hraniti več tednov.

50.Polpete s poprovo meto

SESTAVINE:

- 3,5 do 4 unče (100 do 115 g) grenke sladke čokolade
- 3 žlice (60 g) trdnega medu
- 1/4 čajne žličke olja poprove mete (uporabnega za živila)
- Dvojni kotel
- 1/2 čajne žličke merilne žličke
- Silikonski model za mini mafine
- Majhna skleda
- Žlica
- Candy folija

NAVODILA:

a) Čokolado stopite v parnem kotlu. Ko se čokolada stopi, na dno vsake silikonske skodelice za mini mafine nakapajte približno 1/2 čajne žličke čokolade. Z žlico čokolado malce razmažemo po straneh in pustimo, da se strdi.

b) V majhni skledi zmešajte med in olje poprove mete.

c) Ko se prva plast čokolade strdi, na sredino vsake skodelice dajte žlico medene mešanice in prelijte s preostankom stopljene čokolade. Običajno začnem rositi na zunanji strani in se približujem sredini. Temeljito ohladite in vzemite iz modelov.

d) Hraniti v nepredušni posodi. Ohranja več mesecev.

SPREMLJEVALCI

51.Medena gorčica

SESTAVINE:
- 1/4 skodelice (44 g) rumenih gorčičnih semen
- 1/4 skodelice (60 ml) vode
- 2 žlici (28 ml) jabolčnega kisa
- 1/4 čajne žličke soli
- 2 do 4 žlice (40 do 85 g) medu
- Kozarec za konzerviranje s širokim grlom v velikosti pol litra (475 ml).
- Potopni mešalnik
- Merilne skodelice in žlice

NAVODILA:
a) Odmerite gorčična semena v pollitrski (475 ml) kozarec za konzerviranje. Dodajte vodo in pustite stati nekaj minut. Dodamo kis, kozarec pokrijemo s pokrovom in pustimo čez noč v hladilniku.

b) Naslednji dan bodo semena vpila večino tekočine. S potopnim mešalnikom pretlačite vsebino kozarca, kolikor želite. Dodajte sol in med ter dobro premešajte.

c) Dodajte pokrov in hladite gorčico nekaj dni, da se nekoliko zmehča, preden ocenite okus. V hladilniku bo shranjen več mesecev.

52.Medeni avokadov preliv

SESTAVINE:
- 1/2 skodelice (120 ml) olja grozdnih pešk
- 2 žlici (40 g) medu ali fermentiranega medenega česna (prikazano tukaj)
- 2 stroka česna
- 1 srednje velik avokado, olupljen, brez koščic in narezan
- 1/4 skodelice (60 ml) limetinega soka
- 1/4 skodelice (4 g) sesekljanega cilantra
- Sol in črni poper po okusu
- Mešalnik
- Spatula
- Nepredušna posoda

NAVODILA:
a) V mešalniku zmešajte olje, med, česen, avokado, limetin sok in koriander ter začinite s soljo in poprom. Pire do gladkega.
b) Z lopatko preliv prenesite v nepredušno posodo.
c) V hladilniku do 3 dni.

53.Medena vinaigrette s cvetnim prahom

SESTAVINE:

- 1/4 skodelice (60 ml) ekstra deviškega oljčnega olja
- 1/4 skodelice (60 ml) limoninega soka
- 1/4 skodelice (60 ml) jabolčnega kisa
- 2 žlici (30 g) medene gorčice
- 11/2 žlice (14 g) čebeljega cvetnega prahu
- 1 strok česna, mlet
- 1 do 2 čajni žlički medu (odvisno od sladkosti medene gorčice)
- 1/2 čajne žličke kumine
- 1/2 čajne žličke sladke paprike
- Sol in poper po okusu
- Pint (475 ml) kozarec ali vrč s pokrovom

NAVODILA:

a) V kozarcu ali karafi zmešajte vse sestavine.
b) Hladite za nekaj ur, da se okusi prepojijo in cvetni prah razpade.
c) Pred serviranjem dobro premešamo.
d) V hladilniku zdrži približno 1 teden.

54.Medena omaka za žar

SESTAVINE:

- 1 skodelica (240 g) kečapa
- 1 skodelica (235 ml) belega kisa
- 2 žlici (40 g) melase
- 1 skodelica (340 g) medu
- 1 čajna žlička soli
- 1/2 čajne žličke popra
- 2 žlički suhe gorčice
- 1 čajna žlička paprike
- 11/2 čajne žličke česna v prahu
- 11/2 čajne žličke čebule v prahu
- Srednja ponev
- Stepajte
- Nepredušna posoda

NAVODILA:

a) V srednji ponvi zmešajte vse sestavine in jih segrejte na srednjem ognju. Omako za žar dušite 10 do 15 minut.

b) Odstavimo z ognja in pustimo, da se ohladi.

c) Prenesite v nepredušno posodo in shranite v hladilniku, dokler ni pripravljen za uporabo. Uporabite v 1 mesecu.

55.Dimljen med

SESTAVINE:

- srček
- Dimljenje lesnih sekancev
- Smoker ali žar
- Pladnji iz folije
- Lesena žlica
- Pokrovi pladnjev iz folije, folija ali plastična folija
- Nepredušne posode

NAVODILA:

a) Med nalijte v pladnje iz folije (zagotovite, da med ni debelejši od 1/2 palca [1 cm] za največjo izpostavljenost).

b) Pladnje s folijo položite na rešetko v kadilnici ali žaru.

c) Hladno dimite med 30 minut pri manjših ali 60 minut pri večjih. Vsakih 15 do 20 minut premešajte.

d) Odstranite pladnje iz kadilnice ali žara.

e) Pladnje pokrijte s pokrovom, folijo ali plastično folijo za živila in postavite (v zaprtem prostoru) na sobni temperaturi za 24 ur.

f) Okusite dimljeni med in ga zmešajte z nedimljenim medom, če je okus dimljenega premočan za vaše želje.

g) Dimljen med nalijte v nepredušne posode, kot so stekleni kozarci s pokrovi.

h) To lahko uporabite takoj ali shranite pri sobni temperaturi kot običajni med. Pred uporabo med premešajte.

FERMENTIRANA ŽIVILA

56.Fermentirani kečap

SESTAVINE:
- 2 pločevinki (6 unč ali 170 g, vsaka) paradižnikove paste
- 3 žlice (60 g) medu
- 3 žlice (45 ml) jabolčnega kisa
- 2 žlici (28 ml) sirotke
- 1/4 čajne žličke čebule v prahu
- 1/2 čajne žličke soli
- 1/8 čajne žličke črnega popra
- 1/8 čajne žličke pimenta
- Čisti kozarec za pol litra (475 ml).
- Pokrov za konzerviranje ali pokrov z zračno zaporo

NAVODILA:
a) Zmešajte vse sestavine v pollitrski (475 ml) kozarec za konzerviranje, po potrebi poskusite in prilagodite začimbe. Pokrijte z zračno zaporo ali običajnim pokrovom.

b) Domač kečap pustite stati na sobni temperaturi 2 do 3 dni. Če uporabljate običajni pokrov, odprite kozarec vsak dan ali tako, da sprostite pline. To ni potrebno, če uporabljate zračno zaporo.

c) Kečap pred uživanjem hranite v hladilniku še 3 dni. Ohranja več tednov.

57.Fermentiran medeni česen

SESTAVINE:
- 3 do 5 čebulic česna
- Približno 1 skodelica (340 g) surovega medu
- Čist pollitrski (475 ml) kozarec s pokrovom

NAVODILA:
a) Stroke česna olupimo in rahlo zmečkamo.

b) Pollitrski kozarec (475 ml) napolnite približno tri četrtine s česnom in dodajte dovolj medu, da ga pokrijete, pri tem pa pustite dovolj prostora za glavo v kozarcu, da ferment brbota, vsaj 1 do 2 palca (2,5 do 5 cm). Privijte pokrov na kozarec in ga pustite na pultu 1 mesec.

c) Vsak dan rignite kozarec tako, da odstranite pokrov in izpustite nakopičeni zrak. Po 1 mesecu shranite v hladilniku.

SESTAVINE:
- 1 vrečka (12 unč ali 340 g) svežih brusnic
- Lupina ene pomaranče
- Med za pokrivanje, približno 12 unč ali 340 g
- Cedilo
- Kuhinjski robot
- Čist litrski (950 ml) kozarec za konzerviranje s pokrovom

NAVODILA:

a) Operite in razvrstite brusnice, nato pa jagode narahlo pretlačite v kuhinjskem robotu. Cilj je, da jih odprete, ne pretlačite v pire.

b) Dodajte jagode in pomarančno lupinico v litrsko (950 ml) kozarec za konzerviranje. Med prelijte po brusnicah in počasi napolnite kozarec, tako da se ustavite približno 1 do 2 palca (2,5 do 5 cm) od vrha.

c) Kozarec zapremo in postavimo na toplo in temno mesto. Vsak dan obračajte kozarec 1 do 2 tedna, dokler se med ne razredči, nato pa pustite brusnice fermentirati še 4 do 6 tednov. Hraniti na hladnem.

59.Fermentirana probiotična soda iz medenih jagod

SESTAVINE:

- 5 skodelic (1,2 L) vode
- 5 skodelic (teža se bo razlikovala) jagod (zdrobljenih)
- 3/4 skodelice (170 g) medu
- 1/2 skodelice (120 ml) sveže sirotke (glejte pasiranje jogurta za sirotko, prikazano tukaj)
- Dodatna voda po okusu
- Velika ponev
- Termometer
- Cedilo ali sito
- Očistite 1/2-galonski (1,9 L) stekleni kozarec za konzerviranje z zračnim pokrovom
- Lesena žlica
- Čiste steklenice s preklopnim pokrovom

NAVODILA:

a) V ponvi počasi kuhajte vodo in jagode približno 30 minut. Pustite, da se mešanica ohladi na približno 100 °F (38 °C).

b) Precedite jagodno tekočino skozi sito v pripravljen kozarec za fermentacijo. Dodajte med v kozarec in premešajte, da se popolnoma raztopi. Dodajte sirotko in dodatno vodo po okusu. Mešanica bo precej sladka, vendar bo velik del te sladkosti porabljen med fermentacijo.

c) Kozarec zaprite z zračnim pokrovom in pustite na toplem na pultu približno 3 dni. Preverite, ali je žvrkljanje in trpkost. Fermentacija lahko traja do 1 teden ali več, odvisno od temperature med fermentacijo in jakosti sirotke. Toplejši kot je prostor in daljša kot je fermentacija, bolj gazirana in trpka bo soda.

d) Ko doseže želeno kislost in gaziranost, prenesite sodo v steklenice s preklopnim pokrovom in ohladite, da upočasnite fermentacijo, dokler je ne boste lahko zaužili. Soda je običajno najboljša, če jo zaužijete v 2 tednih.

60.Tepache

SESTAVINE:

- 1/2 ananasa, narezanega na koščke (pustite lupino.)
- 1/2 skodelice (170 g) temnega medu
- 4 skodelice (950 ml) vode
- 2 cela stroka
- 2 stroka tamarinde
- 1 cimetova palčka
- Nož in deska za rezanje
- Očistite steklen kozarec s prostornino 1/2 galone (1,9 L).
- Lesena žlica
- Bombažna krpa ali brisača
- Cedilo

NAVODILA:

a)   Ananas operemo in narežemo na krhlje.

b)   Mešajte med in vodo v kozarcu s prostornino (1,9 L), dokler se popolnoma ne raztopita.

c)   V kozarec dodajte koščke ananasa in jih pokrijte z bombažno krpo ali brisačo. Kozarec postavite na hladno in suho mesto, stran od neposredne sončne svetlobe, in pustite, da fermentira 3 do 4 dni. Postalo bo motno in razvila se bo neškodljiva bela pena, ki jo je mogoče odstraniti.

d)   Končane tepače precedimo v vrč in pustimo v hladilniku, da se dobro ohladijo. Postrezite na ledu. To je najbolje porabiti v nekaj dneh po pasiranju.

PIJAČE

61.Osnovni medeni sirup

SESTAVINE:

- 1/2 skodelice (170 g) medu
- 1/2 skodelice (120 ml) vode
- Srednja ponev
- Lesena žlica

NAVODILA:

a) Med in vodo segrevajte na zmernem ognju, dokler se med popolnoma ne raztopi in zmes postane homogena. Ne zavrite.

b) Pred uporabo naj se popolnoma ohladi. V hladilniku ga lahko hranimo do 2 tedna.

62.Ginger Ale

SESTAVINE:

- 2 žlici (28 ml) močnega ingverjevega medenega enostavnega sirupa
- 6 unč (175 ml) gazirane vode
- Led
- Zvit limetine lupine
- Kozarec za koktajle
- Palica za mešanje koktajlov

NAVODILA:

a) Sirup in gazirano vodo prelijte čez led.
b) Nežno premešajte, da se združi.
c) Dodajte limetino lupinico in uživajte.

63.Mandarin Fiz

SESTAVINE:

- 1/2 skodelice (120 ml) svežega soka mandarine ali mandarine
- 1/2 čajne žličke limoninega soka
- 2 žlici (28 ml) osnovnega medenega sirupa
- 1/2 skodelice (120 ml) malinove gazirane vode
- Led
- Pest svežih malin za okras
- Kozarec za koktajle
- Palica za mešanje koktajlov

NAVODILA:

a) Vse sestavine prelijemo čez led.
b) Nežno premešajte, da se združi.
c) Okrasite z malinami.

64.Medeni koktajl iz kumare in limonske trave

SESTAVINE:

- 3/4 skodelice (175 ml) kumaričnega soka (približno 1/2 funta [225 g] neolupljenih kumar) in kos kumare za okras
- 2 žlici (28 ml) enostavnega medenega sirupa iz limonske trave
- 1 žlica (1,5 unče ali 42 ml) vodke ali gina
- Led
- Sokovnik ali mešalnik
- Kozarec za koktajle
- Palica za mešanje koktajlov

NAVODILA:

a) V sokovniku stisnite 1/2 funta (225 g) kumar (ali več, če je potrebno), da dobite 3/4 skodelice (175 ml) kumaričnega soka.

b) Preprosti medeni sirup iz limonske trave, kumarični sok in vodko ali gin prelijte z ledom.

c) Nežno premešajte, da se združi.

d) Okrasite s sulico kumare.

65.Marelični koktajl s kardamomom

SESTAVINE:

- 3 unče (90 ml) mareličnega nektarja
- 2 žlici (28 ml) enostavnega sirupa s kardamomovim medom
- 1/2 žlice sivkinega medenega enostavnega sirupa
- Brizganje grenivkinega soka
- 1 žlico (1,5 unče ali 42 ml) žganja
- Led
- Kozarec za koktajle
- Palica za mešanje koktajlov

NAVODILA:

a) Vse sestavine prelijemo čez led.
b) Nežno premešajte, da se združi.

66.Medeni koktajl Tequila

SESTAVINE:

- 2 unči (60 ml) tekile
- 3 žlice (45 ml) osnovnega medenega sirupa (ali poskusite različico medenega sirupa, kot je kardamom)
- 11/2 žlice (23 ml) svežega limoninega soka
- Led
- 2 kančka grenčice Angostura
- Zvit limonine lupine za okras
- Shaker za koktajle
- Kozarec za koktajle

NAVODILA:

a) Dodajte tekilo, medeni sirup in limonin sok v stresalnik z ledom in stresajte, dokler se ne ohladi.

b) Nalijte v kozarec za koktajl in dodajte 2 kančka grenčice.

c) Okrasite z limonino lupino.

67.Litovske medene žgane pijače

SESTAVINE:

- 21/4 skodelice (765 g) medu
- 1 liter (950 ml) vode
- 8 celih nageljnovih žbic
- 3 cimetove palčke
- 10 strokov kardamoma, zdrobljenih
- 1/2 celega muškatnega oreščka, nadrobljenega
- 5 celih pimentov, nadrobljenih
- 11/2 čajne žličke črnega popra v zrnu
- 1 čajna žlička semen koromača
- 3-palčna (7,5 cm) korenina ingverja, narezana na debele rezine
- Lupina 1 pomaranče, samo lupina, brez sredice
- Lupina 1/2 limone, samo lupinica, brez sredice
- 1 vanilijev strok, razrezan in ostrgan
- 1 steklenica (750 ml) 190 proof žitnega alkohola
- Velik lonec
- Lesena žlica
- Cedilo
- Steklenice z zamaški, dovolj za 2 kvarta (1,9 L)

NAVODILA:

a)   Naredite serijo takoj po spravilu medu, da bodo nekateri pripravljeni na praznično sezono obdarovanj.

b)   1. V velikem loncu zavrite med in vodo. Posnemite vso peno, ki se pojavi na površini.

c)   2. Dodajte vse ostale sestavine razen žitnega alkohola. Odkrito dušimo 30 minut.

d)   3. Izklopite ogenj in dodajte žitni alkohol še vroči mešanici ter premešajte, da se združi. Mešanico precedite.

e)   4. Nalijte v čiste, sterilne steklenice in pustite vsaj 2 tedna, po možnosti dlje.

68.Bezgov tonik

SESTAVINE:

- 2 skodelici (290 g) svežih bezgovih jagod
- 3 skodelice (700 ml) vode
- 1 skodelica (340 g) medu
- 1 steklenica (750 ml) čistega žitnega alkohola, vodke ali žganja
- Srednja ponev
- Mečkalec krompirja
- Cedilo
- Steklenice z zamaški, dovolj za 1 kvart (950 ml)

NAVODILA:

f)   1. Bezgove jagode in vodo damo v ponev. Jagode pretlačimo s tlačilko za krompir, da spustijo sok. Zavremo in pustimo, da se ohladi.

g)   2. Vmešajte med in alkohol.

h)   3. Nalijte v čiste, sterilne steklenice in pustite stati najmanj 1 mesec.

69.Kurkuma Honey Super Booster

SESTAVINE::

- 1/4 skodelice (85 g) surovega medu
- 1 čajna žlička limonine lupinice
- 1 žlica (7 g) mlete kurkume
- 2 žlici (28 ml) surovega nefiltriranega jabolčnega kisa
- Stepajte
- Majhna skleda
- Nepredušna posoda

NAVODILA:

a)   Vse sestavine skupaj zmešajte v majhni skledi do gladkega. Nalijte v nepredušno posodo in hranite v hladilniku do 1 tedna.

b)   Za uporabo preprosto dodajte 1 žlico (15 ml) v nekaj tople vode in popijte.

70.Martini iz satja

SESTAVINE:

- 2 unči vodke
- ½ unče medenega sirupa (zmešajte enake dele medu in tople vode)
- ½ unče svežega limoninega soka
- ½ unče trojne sekunde
- Zdrobljeni bonboni iz satja za okras

NAVODILA:

a) Napolnite shaker za koktajle z ledom.
b) V stresalnik dodajte vodko, medeni sirup, svež limonin sok in triple sec.
c) Dobro pretresite, dokler se mešanica ne ohladi.
d) Koktajl precedite v ohlajen kozarec za martini.
e) Rob kozarca okrasite z zdrobljenimi bonboni iz satja.
f) Satov martini postrezite ohlajen in uživajte!

71.Satovje Margarita

SESTAVINE:

- 2 unči tekile
- 1 unča limetinega soka
- ½ unče pomarančnega likerja (npr. Triple Sec)
- 1 žlica medu
- ¼ skodelice zdrobljenega satja
- Rezine limete in dodaten med za obrobljanje kozarca (neobvezno)

NAVODILA:

a) Kozarec za margarito obrobite z medom (neobvezno) in ga pomočite v zdrobljene bombone iz satja, da obložite rob.

b) V stresalniku, napolnjenem z ledom, zmešajte tekilo, limetin sok, pomarančni liker in med.

c) Močno stresajte, dokler se dobro ne združi in ohladi.

d) Margarito precedite v pripravljen kozarec, napolnjen z ledom.

e) Okrasite z rezino limete in uživajte v margariti iz satja.

72.Satov tropski Mocktail

SESTAVINE:

- ½ skodelice ananasovega soka
- ½ skodelice pomarančnega soka
- ¼ skodelice limoninega soka
- ¼ skodelice soka pasijonke
- ¼ skodelice medu
- ¼ skodelice satja, zdrobljenega
- Klubska soda ali gazirana voda
- Rezine limone in listi mete za okras (neobvezno)

NAVODILA:

a) V vrču zmešajte ananasov sok, pomarančni sok, limonin sok, sok pasijonke, med in zdrobljene bombone iz satja.

b) Mešajte, dokler se bonboni iz satja ne raztopijo.

c) Napolnite kozarce z ledenimi kockami.

d) Mešanico bonbonov iz satja prelijte čez led in vsak kozarec napolnite približno do polovice.

e) Prelijte s sodo ali gazirano vodo.

f) Po želji okrasite z rezinami limone in listi mete.

g) Postrezite in uživajte v tem osvežilnem in gaziranem mocktailu iz satjastih bonbonov.

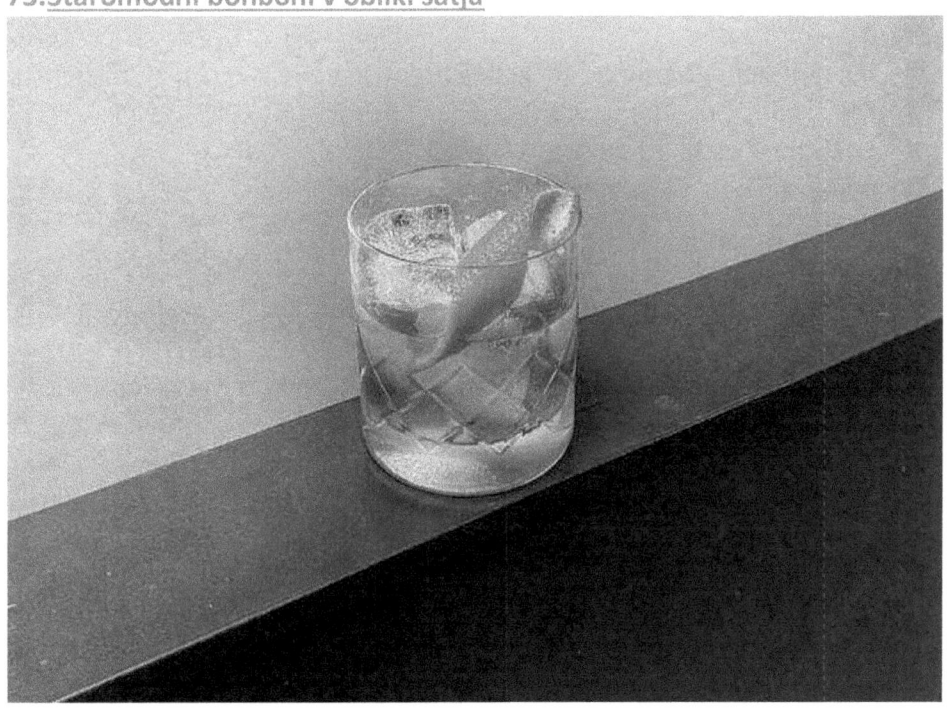

SESTAVINE:

- 2 oz burbona
- ½ oz medenega sirupa (enaki deli medu in vode, segreti in ohlajeni)
- Krpica grenčice Angostura
- Bonboni iz satja, za okras
- Pomarančna lupina, za okras

NAVODILA:

a) V kozarcu Old Fashioned zmešajte majhen košček satja in medeni sirup.

b) V kozarec dodajte burbon in grenčico ter nežno premešajte.

c) Napolnite kozarec z ledenimi kockami.

d) Okrasite s koščkom satja in koščkom pomarančne lupinice.

e) Uživajte v tem bogatem in aromatičnem koktajlu Old Fashioned iz satja.

SESTAVINE:

- ½ limete, narezane na kolesca
- 10 listov sveže mete
- 2 žlici satja sladkarije sirupa
- Klubska soda
- Zdrobljen led
- Metina vejica, za okras

NAVODILA:

a) V kozarcu zmešajte rezine limete, liste mete in sirup iz satja.
b) Kozarec napolnite z zdrobljenim ledom.
c) Prelijte s sodo in nežno premešajte.
d) Okrasite z vejico mete.

75.Honeycomb Candy Punch

SESTAVINE:

- 2 skodelici ananasovega soka
- 1 skodelica pomarančnega soka
- ½ skodelice sirupa iz satja
- ¼ skodelice limoninega soka
- 2 skodelici ingverjevega piva
- Zdrobljen led
- Rezine limone in bomboni iz satja za okras

NAVODILA:

a) V skledi za punč zmešajte ananasov sok, pomarančni sok, sirup iz satja in limonin sok.

b) Dobro premešamo, da se okusi premešajo.

c) V skledo za punč dodajte zdrobljen led.

d) Tik preden postrežemo, vlijemo ingverjevo pivo in nežno premešamo.

e) Okrasite z rezinami limone in koščki satja.

f) Uživajte v tem sadnem in penečem punču iz satja.

76.Bela ruska žita v satju

SESTAVINE:

- 1 oz vodke
- 1 oz kavni liker
- 1 oz smetane ali mleka
- 1 žlica satja žita
- Bonboni iz satja, za okras

NAVODILA:

a) V kozarcu zmešajte vodko, kavni liker in smetano.

b) Dobro premešamo, da se zmeša.

c) Dodamo kosmiče iz satja in pustimo nekaj minut, da se prepojijo z mešanico.

d) Napolnite kozarec z ledenimi kockami.

e) Okrasite s koščkom satja.

f) Uživajte v tem kremastem in hrustljavem kosmiču iz satja, White Russian.

77.Honeycomb Candy Spritzer

SESTAVINE:

- ½ skodelice peneče vode
- ½ skodelice limonino-limetine sode
- 2 žlici satja sladkarije sirupa
- Zdrobljen led
- Rezine limone in listi mete za okras

NAVODILA:

a) V kozarcu zmešajte gazirano vodo, limonino-limetino sodo in sirup iz satja.

b) Nežno premešamo, da se okusi premešajo.

c) Kozarec napolnite z zdrobljenim ledom.

d) Okrasite z rezinami limone in listi mete.

e) Uživajte v tem gaziranem in osvežilnem mocktailu iz satjastih sladkarij.

78.Honeycomb Candy Whisky Smash

SESTAVINE:
- 2 oz viskija
- ½ oz limoninega soka
- ½ oz sirupa iz satja
- Listi sveže mete
- Zdrobljen led
- Rezina limone in vejica mete, za okras

NAVODILA:

a) V shakerju za koktajle zmešajte nekaj listov mete z limoninim sokom in sirupom iz satja.

b) V stresalnik dodajte viski in led.

c) Dobro pretresite, da se okusi povežejo.

d) Napolnite kozarec z zdrobljenim ledom.

e) Precedite koktajl v kozarec.

f) Okrasite z rezino limone in vejico mete.

g) Uživajte v tem zeliščnem in sladkem sladkarijem viskiju iz satja.

79.Bonboni iz satja Pina Colada

SESTAVINE:

- 1 skodelica ananasovega soka
- ½ skodelice kokosovega mleka
- ¼ skodelice sirupa iz satja
- Zdrobljen led
- Ananasova rezina in češnje za okras

NAVODILA:

a) V mešalniku zmešajte ananasov sok, kokosovo mleko in sirup iz satja.
b) Dodajte pest zdrobljenega ledu v mešalnik in mešajte do gladkega.
c) Mocktail nalijte v kozarec.
d) Okrasite z rezino ananasa in češnjami.

NAPAJAN MED

80.Med z limono

SESTAVINE:

- 1 skodelica medu
- 1 žlica naribane limonine lupinice
- 2 rezini sveže limone

NAVODILA:

a) Uporaba v prelivih, marinadah, pijačah, sladkarijah in pekovskih izdelkih.

b) Za takoj pripravljene poparke uporabite sok in lupino.

81.Pomarančni med

SESTAVINE:
- Lupina 4 bio pomaranč
- ¾ skodelice medu

NAVODILA:
a) Pomarančno lupinico dajte v prazen kozarec.
b) Nalijte surovi med in zagotovite, da so vse sestavine popolnoma potopljene.
c) Tesno zaprite pokrov in pustite stati na soncu.
d) Vsaj enkrat na dan kozarec obrnite.
e) Pustite, da se mešanica infundira vsaj en teden ali do 3-4 tedne.
f) Precedite in shranite na hladnem in temnem mestu, da ohranite svežino.
g) Je odličen dodatek tortam in mafinom ali pa ga okusno vmešamo v jogurt ali skuto.

82.Med z limoninim maslom

SESTAVINE:
- ¾ skodelice medu
- 3 žlice masla
- 1 čajna žlička limoninega soka
- ¼ čajne žličke vanilije

NAVODILA:
a) Segrejte med in maslo.
b) Ohladimo in dodamo limonin sok in vanilijo.
c) Postrezite s palačinkami ali vaflji.

83.Breskov med

SESTAVINE:
- 1 funt svežih breskev, olupljenih, brez koščic in narezanih ali posušenih breskev
- 3 žlice medu
- 1 čajna žlička sveže stisnjenega limoninega soka

NAVODILA:
a) Vse sestavine 3 minute mešajte v kuhinjskem robotu, da dobite gladek pire. Nalijte v stisnjeno steklenico.
b) Breskov med lahko hranite v hladilniku 1 do 2 tedna.

84.Med s hruško in jabolkom

SESTAVINE:

- 6 hrušk, olupljenih in brez peščic
- 2 jabolka, olupljena in izrezana
- Lupina 1 pomaranče
- 1½ funta sladkorja

NAVODILA:

a) Zmeljemo hruške, jabolka in pomaranče.
b) Dodamo sladkor in ob pogostem mešanju kuhamo 20 minut.
c) Dodamo naribano pomarančno lupinico. Kuhajte do gostega.

85.Med z roza grenivko

SESTAVINE:

- ½ galone soka roza ali rubinasto rdeče grenivke
- 2 žlici medu
- ½ skodelice likerja Triple Sec

NAVODILA:

a) Zmešajte sok, med in liker.
b) Ohladite.
c) Postrezite kot sladico.

86.Kutinov med

SESTAVINE:
- 3 velike kutine
- 1 veliko jabolko
- 1 pol litra vode

NAVODILA:
a) Kutine in jabolka zmeljemo ali naribamo.
b) Sadje prelijemo z vodo in kuhamo 20 minut.
c) Sledite navodilom na embalaži pektina za sladkor in navodila za kuhanje.

87.Cimet-jabolčni med

SESTAVINE:

- 1 liter sladkega jabolčnega moštnika
- 8 skodelic, olupljena, stržena in na četrtine narezana jabolka za kuhanje
- 1 limona, olupljena, narezana in brez semen
- 1 skodelica medu
- ½ skodelice pakiranega rjavega sladkorja
- 1 žlica mletega cimeta

NAVODILA:

a)   Segrejte jabolčnik do vrenja v nizozemski pečici brez pokrova približno 15 minut.

b)   Dodajte jabolka in limono. Segrejemo do vrenja; zmanjšajte toploto.

c)   Odkrito dušite približno 1 uro, občasno premešajte, dokler jabolka niso zelo mehka.

d)   Vmešajte med in cimet.

e)   Segrejemo do vrenja; zmanjšajte toploto.

f)   Odkrito kuhajte približno 1 uro do pol ure in občasno premešajte, dokler se tekočina ne loči od pulpe.

g)   Mešanico takoj prelijte v vroče, sterilizirane kozarce, pri čemer pustite ¼-palčni prostor.

h)   Obrišite robove kozarcev; pečat. Hladite na rešetki 1 uro.

i)   Hraniti v hladilniku do 2 meseca.

88.Bezgov prepojen med

SESTAVINE:
- ¼ skodelice bezgovih cvetov (posušenih ali svežih - organskih)
- 1 skodelica lokalnega surovega medu (tekočega)

NAVODILA:
a)   Dodajte suhe sestavine v kozarec
b)   Popolnoma pokrijte z medom
c)   Seal top
d)   Pustite med stati en mesec, po želji tudi dlje
e)   Obremenitev
f)   Precejen med vrnite v kozarec in podarite ali uporabite po želji!

SESTAVINE:
- ¼ skodelice lila (posušena ali sveža - organska)
- 1 skodelica lokalnega surovega medu (tekočega)

NAVODILA:
a)   Dodajte suhe sestavine v kozarec
b)   Popolnoma pokrijte z medom
c)   Seal top
d)   Pustite med stati en mesec, po želji tudi dlje
e)   Obremenitev
f)   Precejen med vrnite v kozarec in podarite ali uporabite po želji!

90.Jasmin napolnjen z medom

SESTAVINE:
- ¼ skodelice jasmina (posušenega ali svežega – organskega)
- 1 skodelica lokalnega surovega medu (tekočega)

NAVODILA:
a) Dodajte suhe sestavine v kozarec
b) Popolnoma pokrijte z medom
c) Seal top
d) Pustite med stati en mesec, po želji tudi dlje
e) Obremenitev
f) Precejen med vrnite v kozarec in podarite ali uporabite po želji!

91. Tulsi Infused Honey

SESTAVINE:

- 1 skodelica medu
- 5-10 listov tulsija
- Med s cvetnimi listi vrtnic

NAVODILA:

a) Liste Tulsija dajte v prazen kozarec.

b) Nalijte med, prepojen z vrtnicami, in zagotovite, da so vse sestavine popolnoma potopljene.

c) Tesno zaprite pokrov in pustite stati na soncu.

d) Vsaj enkrat na dan kozarec obrnite.

e) Pustite, da se mešanica infundira vsaj en teden ali do 3-4 tedne.

f) Precedite in shranite na hladnem in temnem mestu, da ohranite svežino.

92.Med s cimetom

SESTAVINE:
- 1 skodelica medu
- 5 cimetovih palčk
- 1 ščepec cimeta v prahu

NAVODILA:
a) V prazen kozarec dajte cimet.
b) Nalijte surovi med in zagotovite, da so vse sestavine popolnoma potopljene.
c) Tesno zaprite pokrov in pustite stati na soncu.
d) Vsaj enkrat na dan kozarec obrnite.
e) Pustite, da se mešanica infundira vsaj en teden ali do 3-4 tedne.
f) Precedite in shranite na hladnem in temnem mestu, da ohranite svežino.

93.Med z ingverjem

SESTAVINE:

- 1 skodelica medu
- 1 čajna žlička drobno sesekljanega ingverja
- 1 ščepec ingverja v prahu

NAVODILA:

a) Ingver dajte v prazen kozarec.

b) Nalijte surovi med in zagotovite, da so vse sestavine popolnoma potopljene.

c) Tesno zaprite pokrov in pustite stati na soncu.

d) Vsaj enkrat na dan kozarec obrnite.

e) Pustite, da se mešanica infundira vsaj en teden ali do 3-4 tedne.

f) Precedite in shranite na hladnem in temnem mestu, da ohranite svežino.

g) Ta poparek je okusen v marinadah za piščančje in zelenjavne mešanice.

94.Med z vanilijo

SESTAVINE:

- 1 skodelica medu
- 1 vanilijev strok
- ½ čajne žličke vaniljeve esence

NAVODILA:

a) Vanilijev strok in esenco dajte v prazen kozarec.

b) Nalijte surovi med in zagotovite, da so vse sestavine popolnoma potopljene.

c) Tesno zaprite pokrov in pustite stati na soncu.

d) Vsaj enkrat na dan kozarec obrnite.

e) Pustite, da se mešanica infundira vsaj en teden ali do 3-4 tedne.

f) Precedite in shranite na hladnem in temnem mestu, da ohranite svežino.

95.Med z zvezdastim janežem

SESTAVINE:

- ⅛ skodelice celih in delno zdrobljenih strokov zvezdastega janeža
- ½ skodelice medu

NAVODILA:

a) Zvezdasti janež dajte v prazen kozarec.

b) Nalijte surovi med in zagotovite, da so vse sestavine popolnoma potopljene.

c) Tesno zaprite pokrov in pustite stati na soncu.

d) Vsaj enkrat na dan kozarec obrnite.

e) Pustite, da se mešanica infundira vsaj en teden ali do 3-4 tedne.

f) Precedite in shranite na hladnem in temnem mestu, da ohranite svežino.

96.Med z nageljnovimi žbicami

SESTAVINE:
- ⅛ skodelice celih nageljnovih žbic
- ½ skodelice medu

NAVODILA:
a) Cele nageljne dajte v prazen kozarec.
b) Nalijte surovi med in zagotovite, da so vse sestavine popolnoma potopljene.
c) Tesno zaprite pokrov in pustite stati na soncu.
d) Vsaj enkrat na dan kozarec obrnite.
e) Pustite, da se mešanica infundira vsaj en teden ali do 3-4 tedne.
f) Precedite in shranite na hladnem in temnem mestu, da ohranite svežino.
g) Najboljša uporaba je kot glazura za šunko, raztopljena v mleku ali jajčnem likerju ali pokapana po božičnih sladicah.

97.Jalapeno Infused Honey

SESTAVINE:
- 1 skodelica medu
- 1 rezina jalapena ali več po vašem okusu

NAVODILA:
a) Jalapeno dajte v prazen kozarec.
b) Nalijte surovi med in zagotovite, da so vse sestavine popolnoma potopljene.
c) Tesno zaprite pokrov in pustite stati na soncu.
d) Vsaj enkrat na dan kozarec obrnite.
e) Pustite, da se mešanica infundira vsaj en teden ali do 3-4 tedne.
f) Precedite in shranite na hladnem in temnem mestu, da ohranite svežino.

98.Med s koriandrovimi semeni

SESTAVINE:

- 1 skodelica medu
- Ena žlica koriandrovih semen
- 1 ščepec koriandra v prahu

NAVODILA:

a) V prazen kozarec dajte koriandrova semena in koriander v prahu.

b) Nalijte surovi med in zagotovite, da so vse sestavine popolnoma potopljene.

c) Tesno zaprite pokrov in pustite stati na soncu.

d) Vsaj enkrat na dan kozarec obrnite.

e) Pustite, da se mešanica infundira vsaj en teden ali do 3-4 tedne.

f) Precedite in shranite na hladnem in temnem mestu, da ohranite svežino.

g) Ta prepojeni med lahko zlahka dopolni katero koli slano jed.

h) Za prijeten okus in aromo ga lahko dodate tudi svojim čajem.

99.Semena zelene in medu

SESTAVINE:

- 4 žlice kisa
- 1 čajna žlička semen zelene
- ⅓ skodelice medu
- 1 žlica limoninega soka

NAVODILA:

a) Zmešajte vse sestavine.
b) Postrezite s sadno solato.

100.Makovo seme Med

SESTAVINE:
- 1 skodelica olja
- ⅓ skodelice kisa
- 2 žlici medu
- 1½ žlice makovih semen

NAVODILA:
a)   V mešalniku zmešajte kis in med, dokler ne postane kremasto, nato pa vmešajte mak.
b)   Hraniti v hladilniku.

ZAKLJUČEK

Ko zaključujemo to okusno popotovanje, upamo, da vas je "ULTIMATNA MEDENA KUHARICA" navdihnila, da sprejmete bogastvo in naravno sladkobo medu v svoji kuhinji. Med ni le sladilo; je dokaz moči darov narave in neverjetnih okusov, ki jih ponujajo.

Upamo, da ste z recepti in tehnikami, ki jih delimo v tej kuharski knjigi, pridobili samozavest in navdih za vključitev medu v številne jedi. Ne glede na to, ali ga vlivate v marinade, pokapljate po sladicah ali raziskujete edinstvene kombinacije okusov, naj vaše kreacije, prepojene z medom, prinesejo veselje in užitek na vašo jedilno mizo.

Torej, ko se podajate na lastne medene pustolovščine, naj bo "ULTIMATNA MEDENA KUHARICA" vaš zaupanja vreden spremljevalec, ki vam ponuja okusne recepte, koristne nasvete in občutek za kulinarično raziskovanje. Sprejmite zlato sladkobo, zdravstvene koristi in naravne dobrote medu ter naj vsaka jed, ki jo ustvarite, postane dokaz neverjetnih okusov, ki jih ponuja narava.

Naj vašo kuhinjo napolni vonj po medu, sladkost darov narave in veselje do kuhanja s koristnimi sestavinami. Prijetno kuhanje in naj vaše medene stvaritve vnesejo pridih naravnega užitka v vsak vaš obrok!

Milton Keynes UK
Ingram Content Group UK Ltd.
UKHW020627250923
429338UK00017B/908